客房服务实务实训指导手册

主编◎平文英 邱桂梅

经济管理出版社
ECONOMY & MANAGEMENT PUBLISHING HOUSE

图书在版编目（CIP）数据

客房服务实务实训指导手册/平文英，邱桂梅主编. —北京：经济管理出版社，2014.6
ISBN 978-7-5096-3284-0

Ⅰ.①客… Ⅱ.①平… ②邱… Ⅲ.①客房—商业服务—中等专业学校—教学参考资料 Ⅳ.①F719.2

中国版本图书馆 CIP 数据核字（2014）第 174709 号

组稿编辑：魏晨红
责任编辑：魏晨红　胡　茜
责任印制：黄章平
责任校对：张　青

出版发行：经济管理出版社
（北京市海淀区北蜂窝 8 号中雅大厦 A 座 11 层　100038）
网　　址：www. E-mp. com. cn
电　　话：(010) 51915602
印　　刷：三河市延风印装厂
经　　销：新华书店
开　　本：889mm×1194mm/16
印　　张：7
字　　数：105 千字
版　　次：2014 年 6 月第 1 版　2014 年 6 月第 1 次印刷
书　　号：ISBN 978-7-5096-3284-0
定　　价：25.00 元

国家级中等职业改革示范校系列教材
编 委 会

序

为深入推进国家中等职业教育改革发展示范学校建设，努力适应经济社会快速发展和中等职业学校课程教学改革的需要，贵州省商业学校作为“国家中等职业教育改革发展示范学校建设计划”第二批立项建设学校，按照“市场需求，能力为本，工学结合，服务三产”的要求，针对当前中职教材建设和教学改革需要，在广泛调研、吸纳各地中职教育教研成果的基础上，经过认真讨论，多次修改，我们编写了这套系列教材。

这套系列教材内容涵盖“电子商务”、“酒店服务与管理”、“会计电算化”、“室内艺术设计与制作”4个中央财政重点支持专业及德育实验基地特色项目建设有关内容，包括《基础会计》、《财务会计》、《成本会计》、《会计电算化》、《电子商务实务》、《网络营销实务》、《电子商务网站建设》、《商品管理实务》、《餐厅服务实务》、《客房服务实务》、《前厅服务实务》、《AutoCAD室内设计应用》、《3Ds Max室内设计与应用》、《室内装饰施工工艺与结构》、《室内装饰设计》、《贵州革命故事人物选》、《多彩贵州民族文化》、《青少年犯罪案例汇编》、《学生安全常识与教育》共19本教材。这套教材针对性强，学科特色突出，集中反映了我校国家改革示范学校的建设成果，融实用性与创新性、综合性与灵活性、严谨性与趣味性为一体，便于学生理解、掌握和实践。

编写这套系列教材，是建设国家示范学校的需要，是促进我校办学规范化、现代化和信息化发展的需要，是全面提高教学质量、教育水平、综合管理能力的需要，是学校建设职业教育改革创新示范、提高质量示范和办出特色示范的需要。这套教材紧密结合贵州省经济社会发展状况，弥补了国家教材在展现综合性、实践性与特色教学方面的不足，在中职学校中起到了示范、引领和辐射作用。

前　言

《客房服务实务实训指导手册》是《客房服务实务》的配套实训教材，与《客房服务实务》教材配套使用。该手册是围绕《客房服务实务》教材中的六大项目内容编写而成的。

本实训指导手册将教材中的六大项目分解为24个实训任务，每一个实训任务包括实训任务（名称）、实训目的、实训准备、实训内容、实训步骤、实训考核、实训作业、实训体会等几个版块，集指导、训练、评价、考核、体会于一体，注重专业技能的培养，注意每个技能流程的细节，力求让学生在学习客房技能中变得更加容易、轻松，是一本难得的能充分体现师生合作与互动的实训指导手册。

编　者

2014年3月

目录

实训注意事项

（1）在实训之前，必须复习教材中的有关内容，以明确目的、了解任务、熟悉实训要求、注意有关事项，并准备好所需材料、文具、衣物等。

（2）实训分小组进行，组长负责组织协调工作。

（3）实训应在规定的时间内进行，不得无故缺席或迟到早退；实训期间，一切行动听指挥，应在指定的场地进行，不得随意离开班级，不得擅自改变地点或离开实训现场。

（4）记好相关资料，完成作业。

（5）爱护实训室设施，保持实训室环境清洁，如损坏实训室设施及物品按有关规定赔偿。

（6）实训过程中，注意安全。

实训任务一

楼层迎客服务

【实训任务】

为一位刚抵店的客人提供迎客服务。

【实训目的】

明确楼层迎客服务中仪表、仪容、仪态的要求，掌握楼层迎客服务的方法，做到正确、规范，能使用英文完成迎客服务。

【实训准备】

（1）物品准备：四块秒表、四个房卡、四件行李。

（2）场地准备：四间标准客房，客房状态为空房，能容纳 30~40 人进行实操训练。

（3）分组安排：学生分成四大组，分别在四个房间进行练习。每两人为一小组，分别扮演服务员和客人进行训练，其他学生观摩并评分，轮流练习。

【实训内容】

（1）迎接宾客。客人步出电梯，服务员应微笑问候。无行李员引领时，服务员应帮助客人提拿行李至客房，介绍房内设施、设备的使用方法。

（2）分送行李。主要指的是团体客人的行李。由于团体客人的行李常常是先于或后于客人到达饭店，因此行李的分送方式有所不同。先到的行李由行李员送到楼层，排列整齐，由楼层服务员核实件数，待客人到达时，再按行李标签上的房号逐一分送。如发现行李标签失落或房号模糊不清时，应暂时存放。待客人到来时，陪同客人认领。后到或随客人到的行李，则由行李员负责分送到房间。

迎客服务流程：

（1）了解客人的情况。

（2）清理好房间，为客人准备好各种生活用品。

（3）检查设备和用品。

迎客步骤如表 1–1 所示。

表 1–1　迎客步骤

迎客步骤	实施细则
梯口迎客	用服务站姿站好，对前来入住的客人，应说："欢迎光临！"对本楼的住客，应有称呼："早上好（您好）！×先生/女士。"
引领客人	引领时应走在客人左前方或右前方一米左右，遇到拐弯处，应用手势来为客人指示前进的方向。来到客房前，应先敲门三下，如无异常，再用钥匙开门，请客人先进房
介绍客房	服务员进房后首先应拉开窗帘，然后向客人简单介绍房内设备等
退出房间	离开客人房间时，应面对客人退后一步，转身走到门口，面对客人轻轻关上门
填写房态表	填写客房状态表，将房态填写为"住客房"

【实训步骤】

（1）理论讲解：教师讲解楼层迎客服务的基本步骤、注意事项。

（2）教师示范：教师分步骤示范各环节的操作要领和应达到的效果。

（3）学生操作：学生操作练习，教师加以指导。

（4）点评总结：师生共同点评总结。考评内容如表 1–2 所示。

（5）实训报告：实训课后，学生上交一份实训报告。

【实训考核】

迎客服务考核内容如表 1–2 所示。

表 1–2　迎客服务考核内容

被考核人					
考核地点					
考核内容	楼层迎客服务训练				
考核标准	内容	分值	自我评价	小组评议	实际得分
	站位	20			
	迎客	20			
	引领	20			
	介绍	20			
	退出房间	20			
	合计	100			

【实训作业】

（1）两人一组，一人扮演服务员，一人扮演住店客人，然后互换角色模拟练习。

（2）两人一组，模拟引领客人到客房的情境。

【实训体会】

请每个同学写出自己的实训心得与体会。

实训任务二

楼层送客服务

【实训任务】

为一位退房离店的客人提供送客服务。

【实训目的】

明确楼层送客服务中仪表、仪容、仪态的要求，掌握楼层送客服务的方法，做到正确、规范，能使用英文完成送客服务。

【实训准备】

（1）物品准备：四块秒表、四个房卡、四件行李。

（2）场地准备：四间标准客房，客房状态为空房，能容纳 30~40 人进行实操训练。

（3）分组安排：学生分成四大组，分别在四个房间进行练习。每两人为一小组，分别扮演服务员和客人进行训练，其他学生观摩并评分，轮流练习。

【实训内容】

（1）行前准备工作。服务员应掌握客人离店的准确时间，检查客人洗烫衣物是否送回，交办的事是否完成。要主动征询客人意见，提醒客人收拾好行李物品并仔细检查，不要遗忘在房间。送别团体客人时，要按规定时间集中行李，放到指定地点，清点数量，并协同接待部门核实件数，以防遗漏。

（2）送别。客人离房时要送到电梯口热情道别。对老弱病残客人，要护送下楼至大门或上车。

（3）善后工作。客人下楼后，服务员要迅速进房检查，主要查看有无客人遗留物品。发现遗留物品要通知总台转告客人。若发现客房设备有损坏、物品有丢失的，也要立即通知总台收银处请客人付账或赔偿。最后做好客人离房记录，更新房态。有的客人因急事提前退房，委托服务员代处理未尽事宜，服务员承接后要做记录并必须履行诺言，不要因工作忙而丢在一边。

送客服务流程：

（1）掌握客人离店时间，问清客人是否需要叫醒服务、是否在房间用餐。

（2）如客人次日离店，团队房要根据行李多少安排行李员。

（3）要检查客衣情况、各种账单及各项委托代办事项是否办好。

（4）客人临行前，服务员应利用房间服务的机会，检查各种物品及设备有无损坏或欠缺。

（5）临行前，应主动征求客人的意见，提醒客人有无遗漏个人物品。

（6）主动为客人按电梯，主动提行李，主动搀扶老、弱、病客人，送至电梯口，并致离别祝愿。

（7）检查客人有无遗留物品。

（8）检查房间设施设备有无损坏，有无消费项目。

检查退房流程：

（1）准备。根据《住客报表》将预退房找出，并调试随身携带对讲机。

（2）接报。前台通知客房查房。

（3）检查房间。

（4）通知前台。迅速报前台查房结果，如“前台，203查房完毕”，或“前台，请 203 房间客人稍等”。对有问题的房间可使用房内电话避免报告内容影响客人。

（5）更改房屋状态信息。

【实训步骤】

（1）理论讲解：教师讲解楼层送客服务基本步骤和注意事项。

（2）教师示范：教师分步骤示范各环节的操作要领和应达到的效果。

（3）学生操作：学生操作练习，教师加以指导。

（4）点评总结：师生共同点评总结。

（5）实训报告：实训课后，学生上交一份实训报告。

【实训考核】

楼层送客服务考核内容如表 2–1 所示。

表 2–1　楼层送客服务考核内容

<table>
<tr><td>被考核人</td><td colspan="5"></td></tr>
<tr><td>考核地点</td><td colspan="5"></td></tr>
<tr><td>考核内容</td><td colspan="5">楼层送客服务训练</td></tr>
<tr><td rowspan="7">考核标准</td><td>内容</td><td>分值</td><td>自我评价</td><td>小组评议</td><td>实际得分</td></tr>
<tr><td>行李准备</td><td>20</td><td></td><td></td><td></td></tr>
<tr><td>检查客衣</td><td>20</td><td></td><td></td><td></td></tr>
<tr><td>询问提醒</td><td>20</td><td></td><td></td><td></td></tr>
<tr><td>检查房间</td><td>20</td><td></td><td></td><td></td></tr>
<tr><td>更改房态</td><td>20</td><td></td><td></td><td></td></tr>
<tr><td>合计</td><td>100</td><td></td><td></td><td></td></tr>
</table>

【实训作业】

（1）两人一组，一人扮演服务员，一人扮演住店客人，然后互换角色模拟练习。

（2）2~3 人一组，模拟客人离开后的查房程序。

【实训体会】

请每个同学写出自己的实训心得与体会。

实训任务三

楼层会客服务

【实训任务】

为客人提供楼层会客服务。

【实训目的】

要求学生通过楼层会客服务实训，熟练掌握楼层会客服务的程序和要领。

【实训准备】

（1）物品准备：托盘一个、茶壶及茶杯一套、鲜花若干。

（2）场地准备：四间标准客房，客房状态为空房，能容纳30~40人进行实操训练。

（3）分组安排：学生分成四大组，分别在四个房间进行练习。每两人为一小组，分别扮演服务员和客人进行训练，其他学生观摩并评分，轮流练习。

【实训内容】

1. 做好准备

（1）客房服务员事先了解客人访客情况及接待要求，如来访者的人数、时间、提供饮料和鲜花等情况。

（2）客房服务员应在访客到来前半小时做好接待准备。

2. 协助引领

（1）在访客到达前，客房服务员应在电梯口等候。

（2）协助客人将访客引领至房间。

3. 提供服务

（1）根据客人需要或者饭店规定提供相应服务，如饮料、茶水服务等。

（2）服务时注重服务规范和礼貌。

4. 协助送客

（1）征询客人意见，询问是否还有其他服务的要求。

（2）协助客人将访客引领至楼梯口，有礼貌地道别。

5. 房间整理

（1）根据客人需要整理房间及卫生间。

（2）征得客人同意后，撤出添置的设备、用品。

【实训步骤】

（1）理论讲解：教师讲解楼层会客服务的基本步骤和注意事项。

（2）教师示范：教师分步骤示范各环节的操作要领和应达到的效果。

（3）学生分组练习：学生操作练习，教师加以指导。

（4）点评总结：师生共同点评总结，教师填写考核表。

【实训考核】

楼层会客服务训练考核内容如表 3-1 所示。

表 3-1　楼层会客服务训练考核内容

被考核人					
考核地点					
考核内容	楼层会客服务训练				
考核标准	内容	分值	自我评价	小组评议	实际得分
	梯口迎客	20			
	引领	20			
	询问提醒	20			
	协助送客	20			
	房间整理	20			
	合计	100			

【实训作业】

（1）三人一组，一人扮演服务员，两人扮演住店客人，然后互换角色模拟练习。

（2）2~3 人一组，模拟客人楼层会客服务程序。

【实训体会】

请每个同学写出自己的实训心得与体会。

实训任务四

客房清扫准备

【实训任务】

进行客房清扫准备工作。

【实训目的】

要求学生通过对客房清扫准备工作的实训，熟练掌握客房清扫准备的要求和标准。

【实训准备】

（1）物品准备：客房钥匙，房务工作车（布草车）一辆，布草若干，房间用品若干，清洁用品（清洁剂、百洁布、手套，家具蜡、空气清新剂及尘布等）。

（2）场地准备：四间标准清洁工作间，可容纳 30~40 人进行实操训练。

（3）分组安排：学生分成四大组，分别在四个房间进行练习。每两人为一小组，分别扮演服务员和客人进行训练，其他学生观摩并评分，轮流练习。

【实训内容】

1. 准备工作

（1）领取客房钥匙。

（2）准备客房工作车及所需物品。

（3）准备清洁工作车。

（4）挂好垃圾袋。

（5）准备干净的棉织品。

（6）准备客房用品。

（7）准备清洁卫生桶（清洁剂、橡胶手套、各式尼龙刷）。

（8）准备吸尘器。

（9）检查着装。

2. 客房工作车的准备工作

（1）标准。

①按照 8 间标准房所需的客用日耗品和 5 至 6 间客房的布草数量配备。

②轻物在上，重物在下，以平衡车身。

③高物在后，低物在前，以方便拿取。

④贵重物品放在隐蔽处，以防遗失。

（2）程序。

①用半湿抹布将工作车内外擦净、抹干，并检查是否损坏。

②将垃圾袋套在垃圾桶上，将布草袋挂在吊钩上。

③按标准数量将布草配入工作车中，床单、枕套放在下层，毛巾类放在上层。

④将各种易耗品置于架顶，并按固定位置摆放整齐（注意茶叶不可与有异味的物品混合，以防串味）。

⑤将清洁用品放入清洁桶中，将桶放在车上（清洁用品一般有清洁剂、消毒剂、恭桶刷、浴缸刷、抹布、胶皮手套）。

⑥将工作车推到规定的摆放位置。

⑦工作车用后应及时清理，每班下班前要准备好工作车。

【实训步骤】

（1）理论讲解：教师讲解客房清扫准备工作的基本步骤、注意事项。

（2）教师示范：教师分步骤示范各环节的操作要领和应达到的效果。

（3）学生分组练习：学生操作练习，教师加以指导。

（4）点评总结：师生共同点评总结，教师填写考核表。

【实训考核】

客房清扫准备考核内容如表 4–1 所示。

表 4–1　客房清扫准备考核内容

被考核人					
考核地点					
考核内容	客房清扫准备训练				
考核标准	内容	分值	自我评价	小组评议	实际得分
	布草车外观	25			
	物品内容	25			
	放置位置	25			
	准备时间	25			
	合计	100			

【实训作业】

2~3 人为一组，1~2 人在客房模拟清扫准备的过程，1 人记录过程中的问题。

【实训体会】

请每个同学写出自己的实训心得与体会。

实训任务五

走客房清扫训练

【实训任务】

进行走客房清扫服务。

【实训目的】

要求学生通过对走客房卧室部分的实际清扫，熟练掌握走客房日常卫生的工作方法。

【实训准备】

（1）物品准备：房务工作车（布草车）一辆，吸尘器一台，布草若干，房间用品若干，清洁用具若干，工作报表一张。

（2）场地准备：四间标准客房，客房状态为住客房，能容纳 30~40 人进行实操训练。

（3）分组安排：学生分成四大组，分别在四个房间进行练习。每两人为一小组，分别扮演服务员和客人进行训练，其他学生观摩并评分，轮流练习。

【实训内容】

1. 准备工作

（1）将工作车停放在被清扫的客房门口，调整好工作车的位置。

（2）将备好的吸尘器也一并放在门口的一侧。

2. 进房

（1）按进房程序进房。

（2）将房门完全打开，直到该房间清扫完毕。

（3）如房内有异味，必要时可喷些空气清新剂。

（4）在工作单上填写房间号码与进房时间。要求按实际时间填写，不得清洁完毕后再填写。

3. 拉开窗帘，打开窗户、换气扇，观察室内情况

（1）检查空调是否正常，然后将空调开关关上。

（2）使房内光线充足，空气流通。

（3）拉窗帘时，应检查窗帘是否有脱钩或损坏现象。

（4）检查窗帘钩和窗户的状态是否完好。

（5）检查客人是否有遗留物品，检查设备用品有无丢失和损坏，以便及时报告主管。

4. 清理烟灰缸和垃圾

（1）将烟灰缸里的烟灰倒入指定的垃圾桶内，在浴室内洗净，用布擦干、擦净。

（2）清理废纸篓（垃圾桶）。

（3）在房内按顺时针或逆时针方向走一圈，将地上的垃圾拾起来。

（4）将烟灰缸内的杂物和熄灭的烟蒂、垃圾桶内的垃圾倒入车上的废物袋中，将用过的牙具、肥皂收集在垃圾袋内，统一分解，其中一部分留用清洁，一部分作为废品回收，烟灰缸放入卫生间。

5. 整理器皿

（1）如房内有客人用过的餐具，则将房内的餐具清洁干净后移出房外，放在指定地点并打电话通知房务中心。

（2）撤出脏的茶具，放入消毒间备洗，更换电热水壶内的水，小心谨慎，轻拿轻放。

6. 检查灯具与设施设备

（1）打开所有照明灯具，检查是否完好有效，然后视情况关灯。

（2）检查门、窗、墙面、天花板、地毯以及各种家具是否完好。

（3）若有损坏，及时向房务中心报修，在客房清洁报表维修栏内做好记录。

（4）将报修记录报告领班。

7. 撤掉脏布草

（1）逐层将床单撤掉，把脏的布件放进清洁车内。

（2）撤掉浴室的脏布草，把脏的布草放进清洁车内。

（3）在撤脏布草的同时检查是否有丢失或损坏现象；如发现床单、褥垫有破损及受污染情况，应报告领班，另行放置。

（4）把撤下的布件放到清洁车内。

（5）收去脏布件后放入相应数量的干净布件，放置在椅子上。

8. 铺床

按铺床的操作程序操作。

9. 擦拭灰尘，检查设备

（1）房门。房门应从上到下、从内到外抹净；把窥镜、防火通道擦干净；检查门锁是否灵活；检查“请勿打扰”牌、早餐牌有无污迹。

（2）风口与走廊灯。风口与走廊一般是定期擦拭。擦走廊灯时注意使用干抹布。

（3）壁柜。把整个壁柜擦净。擦净衣架、挂衣棍，检查衣刷和鞋拔是否齐全。

（4）酒柜。擦净小酒吧内外。检查冰箱运转是否正常，温度是否适宜，并记住需要补充的物品。

（5）行李架（柜）。擦净行李架内外，包括面和挡板。

（6）写字台、化妆台。擦拭写字台抽屉，应逐个拉开擦，同时检查洗衣袋、洗衣单及礼品袋有无短缺。擦拭梳妆镜面，要用一块潮的抹布和一块干的抹布擦拭。检查写字台物品及服务夹内短缺和破旧的物品，准备补充。

（7）电视机。用干抹布擦净电视机外壳和底座的灰尘，然后打开开关，检查电视机有无图像，频道选用是否准确，颜色是否适中，画面是否清晰，音量是否适中。

（8）地灯。用干抹布抹净灯泡和灯罩。注意收拾好电线。

（9）窗台。窗台先用湿抹布，然后再用干抹布擦拭干净。推拉式玻璃窗的滑槽如有沙料，可用刷子加以清除。

（10）沙发、茶几。擦拭沙发时，可用干布掸去灰尘，清理沙发背与沙发垫之间内存的脏物。茶几先用湿抹布擦去脏迹，然后用干抹布擦拭干净，保持其光洁度。

（11）床头板。用干抹布擦拭床头灯泡、灯罩、灯架及床头挡板，切忌用湿抹布擦拭。

（12）床头柜。检查床头柜各种开关，如有故障，立即通知维修。擦拭电话时，首先用耳朵听电话是否有拨号音，且话音清晰，音量适中，然后用湿抹布抹去话筒灰尘及污垢，用酒精棉球擦拭话机。检查放在床头柜上的服务用品是否齐全、是否有污迹或客人是否用过，检查 DND 灯的功能，确保能正常工作。

（13）装饰画。先用湿抹布擦拭画框，然后再用干抹布擦拭画面，摆正挂画。

（14）空调开关。用干抹布擦去空调开关上的灰尘。空调四季都设置在 1 档 20 摄氏度，调至“ON”。

10. 按饭店的数量和摆放规格添补客用品和宣传品

（1）用干净托盘带进消毒过的茶具、玻璃杯等。

（2）更换添补物品均应无水迹和污渍。

11. 吸尘

（1）按地毯表层毛的倾倒方向进行吸尘，由里到外，注意梳妆凳、沙发下，以及窗帘、门后均要吸到。

（2）吸尘同时拉好纱帘，关好玻璃窗，调整好家具摆件。

12. 清洁卫生间

按清洁卫生间的程序操作。

13. 环视检查房间整体

（1）环视整个房间是否打扫干净，物品摆放规格是否到位。

（2）检查是否有抹布等遗留在房内。

（3）清洁窗台及全身镜，确保光亮、干净、无尘。

（4）发现有漏项应及时改正。

（5）窗帘应保持干净、无污迹、无破损；厚窗帘褶皱自然整齐，确保无脱钩，并拉开到最靠边；纱帘应拉拢合缝，保持自然下垂。

14. 离开房间

（1）将吸尘器拉离房间。

（2）将抹布、工作篮等清洁用品放回工作车内。

（3）关灯。

（4）对门锁及门锁孔进行检查，确保门锁孔内无异物。

（5）锁门后对大门进行安全检查，推动房门，确认确实上锁后方可离开。

（6）在工作报表上记录出房时间。

15. 填写工作报表

（1）填写进出客房即时房态和进出的时间。

（2）写明准确的清洁时间。

（3）填写客用品使用与补充数量，以及各类易耗品、纸制品及棉织品的消耗情况等。

（4）填写需要维修的项目和特别注意的事项。

（5）在每一行的备注栏中应该写明尚未补充的物品或其他需要跟进的事项等。

（6）在报表下面的各栏（维修栏、客衣栏、小酒吧栏、借用物品栏、报损物品栏、计划卫生栏）中写明相应的内容。

走客房清扫步骤如图 5–1 所示。

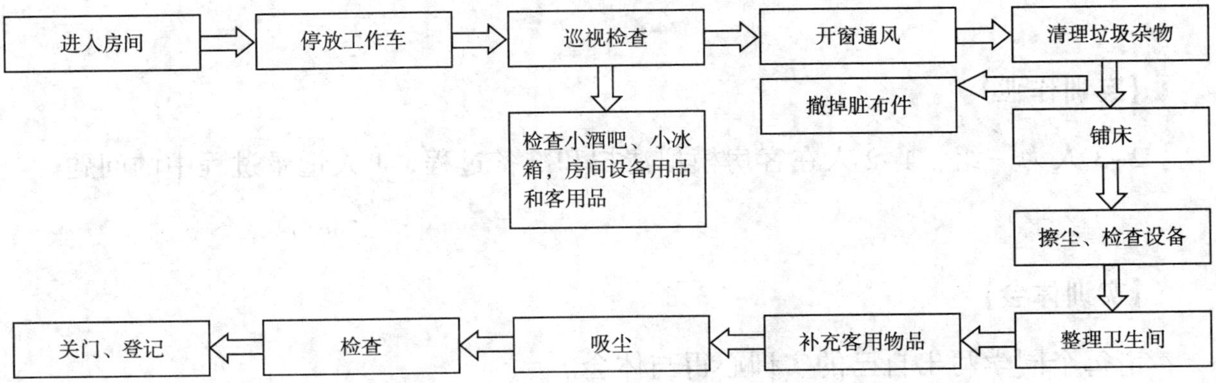

图 5–1　走客房清扫步骤

【实训步骤】

（1）理论讲解：教师讲解走客房清扫基本步骤和注意事项。

（2）教师示范：教师分步骤示范各环节的操作要领和应达到的效果。

（3）学生分组练习：学生操作练习，教师加以指导。

（4）点评总结：师生共同点评总结，教师填写考核表。

【实训考核】

走客房清扫训练内容如表 5–1 所示。

表 5–1　走客房清扫训练内容

被考核人					
考核地点					
考核内容	走客房清扫训练				
考核标准	内容	分值/分	自我评价	小组评议	实际得分
	用品准备	10			
	停放工作车	10			

续表

	内容	分值/分	自我评价	小组评议	实际得分
考核标准	通风换气	15			
	擦尘、检查设备	20			
	卫生间防水	10			
	吸尘	15			
	检查	10			
	关门、登记	10			
	合计	100			

【实训作业】

2~3 人为一组，1~2 人在客房模拟清扫和准备过程，1 人记录过程中的问题。

【实训体会】

请每个同学写出自己的实训心得与体会。

实训任务六

走客房卫生间清扫训练

【实训任务】

进行走客房卫生间清扫服务。

【实训目的】

要求学生通过对走客房卫生间部分的清洁实训，熟练掌握清洁卫生间的方法。

【实训准备】

（1）物品准备：手套两对、抹布四块、小垫毯一块、清洁篮一个、百洁刷若干个、消毒清洁药水若干、告示牌一块、工作报表一张（见图 6-1）。

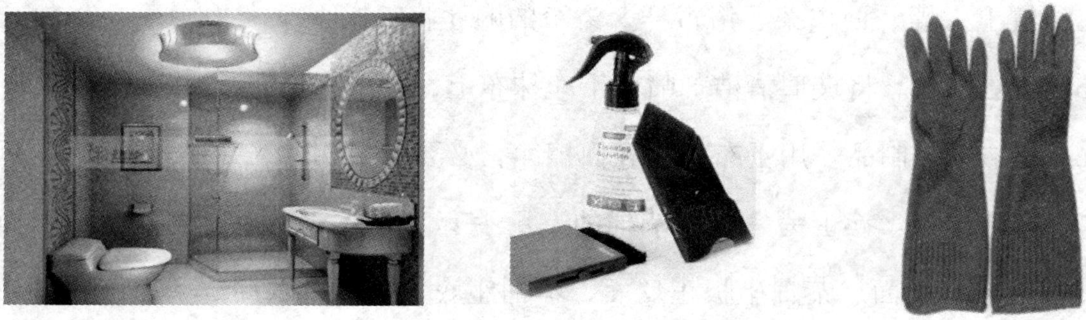

图 6-1　卫生间实景与实训必备物品

（2）场地准备：四间标准客房，客房状态为空房，能容纳 30~40 人进行实操训练。

（3）分组安排：学生分成四个大组，分别在四个房间进行练习。每两人为一小组，分别扮演服务员和客人进行训练，其他学生观摩并评分，轮流练习。

【实训内容】

（1）准备。带好清洁用具。

（2）进卫生间。进卫生间时要携带清洁篮和小垫毯，先把小垫毯放在卫生间门口，防止将卫生间的水带入卧室和损坏房间地毯。把清洁篮放在云石台面靠门口的一侧。

（3）撤卫生间物品。把客人用过的“四巾”逐条打开检查，看是否夹带有其他物品，然后堆放在一起，接着将客人用过的香皂、浴液、发液分类放在清洁篮内，用过的牙具等杂物放在垃圾桶内，然后把垃圾桶内的垃圾卷起。可以利用的物品，如肥皂头等集中放在工具箱内。

（4）清洁面盆和浴缸。戴上洗面盆、浴缸的专用手套后，用百洁刷刷洗云石台上三格瓷砖墙壁后用水冲干净；用百洁刷刷云石台面一遍后用水冲干净；用百洁刷刷洗一次面盆和水龙头后用水冲干净；用百洁刷刷洗浴缸上方三格瓷砖和浴缸内外，开启浴缸塞，放走污水，然后打开喷头，让水射向墙壁及浴缸，冲净污水。这时可将浴帘放入浴缸加以清洁。用两块抹布，依次按面盆、云石台面、墙、镜面、浴缸、浴缸上方墙、面巾架、浴帘杆、浴帘的顺序将其擦干净。

（5）清洁镜面。将玻璃清洁剂喷在干净抹布上，用干净抹布从上至下擦净。

（6）清洁电镀制品。用干布将其表面擦净，必要时可用抛光剂进行擦拭。

（7）清洁恭桶。换上另一对洗恭桶的专用手套。用一块专用百洁布刷洗恭桶水箱、恭桶盖板正反面、恭桶坐板正反面、恭桶座底，最后放水冲洗干净；用另一个恭桶刷刷洗恭桶内壁，并放水冲洗干净；用恭桶专用抹布依次按恭桶坐板正反面、恭桶盖板正反面、恭桶水箱、恭桶底部的顺序将其擦干净。

（8）消毒“三缸”。用消毒水喷洒“三缸”，依次按面盆、浴缸、恭桶内壁、恭桶座板的顺序消毒，然后盖上恭桶盖板。

（9）清洁排风口。开启排风口并擦净。

（10）冲地漏。用清水将卫生间地漏冲洗干净。

（11）抹地面。用地板专用抹布将卫生间地板抹干净。

（12）补足客用品。按规定补足客用品：巾类、浴液、牙具、浴帽、卷纸、杯具、垃圾袋，按要求摆放好。

【实训步骤】

（1）理论讲解：教师讲解走客房卫生间清扫的基本步骤和注意事项。

（2）教师示范：教师分步骤示范各环节的操作要领和应达到的效果。

（3）学生操作：学生操作练习，教师加以指导。

（4）点评总结：师生共同点评总结。

（5）实训报告：实训课后，学生上交一份实训报告。

【实训考核】

走客房卫生间清扫的考核内容如表 6–1 所示。

表 6–1　走客房卫生间清扫考核内容

被考核人					
考核地点					
考核内容	走客房卫生间清扫训练				
考核标准	内容	分值/分	自我评价	小组评议	实际得分
	开灯、开换气扇	5			
	便器冲水	5			
	搬藏棉织品、垃圾	5			
	清洗洗面台	15			
	清洗浴缸	20			
	刷洗便器	20			

续表

	内容	分值/分	自我评价	小组评议	实际得分
考核标准	擦镜子	5			
	擦拭并检查设备	5			
	补充用品	5			
	清洗地面	5			
	检查，关灯	5			
	填写清洁报告	5			
	合计	100			

参考资料来源：http：//baike.baidu.com/subview/9692/4998214.htm？fr=aladdin。

【实训作业】

分组进行整理物品和垃圾，补充卫生间的用品，清洁脸盆和化妆台（云台）、清洁浴缸、清洁马桶的模拟操作。

【实训体会】

请每个同学写出自己的实训心得与体会。

实训任务七

住客房的清扫

【实训任务】

为住店客人提供房间清扫服务。

【实训目的】

要求学生通过对住客房卧室部分的实际清扫，熟练掌握客房日常卫生的工作方法。

【实训准备】

（1）物品准备：房务工作车（布草车）一辆、吸尘器一台、布草若干、房间用品若干、清洁用具若干、工作报表一张。

（2）场地准备：四间标准客房，客房状态为住客房，能容纳 30~40 人进行实操训练。

（3）分组安排：学生分成四个大组，分别在四个房间进行练习。每两人为一小组，分别扮演服务员和客人进行训练，其他学生观摩并评分，轮流练习。

【实训内容】

（1）准备工作。检查工作车上客用品是否齐全；将工作车靠墙放置，不要离门太近，以免妨碍他人。

（2）按门铃、敲门。检查一下房门是否挂着“请勿打扰”牌或上“双锁”；轻轻敲三下门，声音不要太大，以使客人听到为标准，同时报身份 “服务员”；在门外等候 10 秒钟，倾听房内动静，如无反应，可以重复两遍以上程序。

（3）开门。在确认房内无动静后，使用钥匙将门轻轻打开 2~3 寸，报明自己的身份，询问“可以进来吗”之后方可入内；如果客人在房内，要等客人开门后或经客人同意后方可进入并向客人问候，询问客人“是否可以打扫房间”。

（4）开窗户。拉开窗帘；打开窗户。

（5）巡视检查。打开所有照明灯具，检查是否完好有效；检查和调节空调到适当温度；巡视门、窗、窗帘、墙面、天花板、地毯、电视、电话及各种家具是否完好，如有损伤，及时报告领班报修，并在客房清洁报表设备状况栏内做好记录；检查有否遗留物品，若有发现，应立即上报并做好记录。

（6）检查小酒吧。发现已消费的酒水，填写酒水单，在下班时递送前台收银并报告领班；随手将小酒吧冰箱清洁干净。

（7）清洁垃圾。将房内的垃圾桶及烟灰缸内的垃圾拿出倒掉前，应检查一下垃圾桶内是否有文件或有价值的物品，烟灰缸内是否有未熄灭的烟头。清洁垃圾桶和烟灰缸，确保垃圾桶及烟灰缸干净无污迹。

（8）清理脏布件。将客人放在床上、椅子上等处的衣服用衣架挂起，吊入衣橱内；把床上的床罩、毛毯放在椅子或沙发上；换下床上的床单、被单、枕套，连同浴室内需要更换的四套巾（浴巾、面巾、小方巾、足巾）一起，分类点清放入工作车的布件袋内，发现有破损的布件和毛巾，分开存放（若客人放置了环保卡则床单、被单、枕套等床上用品不必更换）；取出有客衣的洗衣袋；从工作车上带进干净的布件。

（9）铺床。见铺床专项实训任务。

（10）擦尘。按顺序使用抹布擦拭床板、椅子、窗台、门框、灯具及桌面，达到清洁无异物；使用消毒剂擦拭电话；擦拭灯具时，检查灯泡瓦数是否符合标准，有无损坏，如有应立即报更换；保证所有房内的家具、设备整洁；擦拭各种物件后，随手将用过的茶具、酒具和客用物品放到工作车上。

（11）核对电视频道。核对和检查电视频道；检查多功能柜的功能。

（12）清洁浴室。见清洁浴室程序。

（13）补足客用物品。按照规定的数量补足客用物品。

（14）关窗户。关窗户；检查整理好窗帘。

（15）吸尘。用吸尘器从里往外，顺方向吸净地毯灰尘；不要忽略床、桌、椅下和四周边角，并注意不要碰伤墙面及房内设备；及时准确地清除地毯污渍。

（16）环视检查房间整体。检查整个房间是否打扫整洁、物品摆置是否到位。

（17）离开房间。将清洁用品放回车内；擦拭门把手、关灯，并对大门做安全检查。

（18）登记。登记清扫的时间。

住客房的清扫流程如图 7-1 所示。

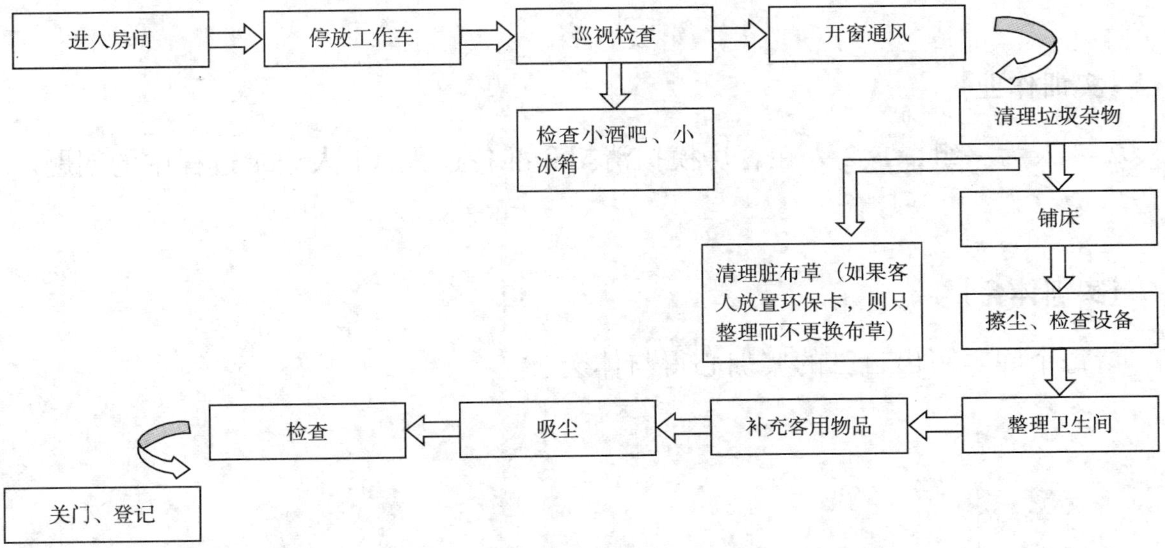

图 7-1　住客房清扫的内容与流程

【实训步骤】

（1）理论讲解：教师讲解住客房清扫基本步骤和注意事项。

（2）教师示范：教师分步骤示范各环节的操作要领和应达到的效果。

（3）学生分组练习：学生操作练习，教师加以指导。

（4）点评总结：师生共同点评总结，教师填写考核表。

【实训考核】

住客房清扫考核内容如表 7–1 所示。

表 7–1　住客房清扫考核内容

被考核人					
考核地点					
考核内容	住客房清扫训练				
考核标准	内容	分值/分	自我评价	小组评议	实际得分
	进门入房	10			
	停放工作车	10			
	通风换气	15			
	擦尘，检查设备	20			
	卫生间防水	10			
	吸尘	15			
	检查	10			
	关门，登记	10			
	合计	100			

【实训作业】

2~3 人为一组，1~2 人在客房模拟清扫和准备过程，1 人记录过程中的问题。

【实训体会】

请每个同学写出自己的实训心得与体会。

实训任务八

空房的清扫

【实训任务】

进行空房清扫服务。

【实训目的】

熟练掌握空房清扫程序，能在规定时间内高质量地完成一间标准客房（客房状态为空房）的清洁服务。

【实训准备】

（1）物品准备：工作车、吸尘器、房卡、工作报表。

（2）场地准备：四间标准客房，客房状态为空房，能容纳 30~40 人进行实操训练。

（3）分组安排：学生分成四个大组，分别在四个房间进行练习。每两人为一小组，分别扮演服务员和客人进行训练，其他学生观摩并评分，轮流练习。

【实训内容】

（1）进房，开窗换气。按规定的程序进房，开窗、开空调进行通风换气。

（2）擦拭浮尘。用一湿一干两块抹布抹拭家具、设备、门窗等，除去灰尘。

（3）卫生间放水、抹尘。卫生间马桶放水，地漏冲水排除异味，抹卫生间浮尘。同时将浴缸和脸盆的冷热水放流 1~2 分钟，直至水清为止，以保证水质清洁，擦净水渍、水痕。

（4）地毯吸尘。连续多日空着的房间，2~3 天吸尘一次。

（5）检查。检查卫生间四巾是否有因干燥失去柔软性的现象，若不符合要求，必须在客人入住前更换。检查房间设施设备情况，如有故障及时报修；检查天花板、墙角有无蜘蛛网，地面有无虫类，并及时清理。

（6）关门退出。熄灯，关门，退出房间。填写工作报表。

【实训步骤】

（1）理论讲解：教师讲解空房清扫基本步骤和注意事项。

（2）教师示范：教师分步骤示范各环节的操作要领和应达到的效果。

（3）学生操作：学生分组操作练习，相互交流，教师加以指导。

（4）点评总结：师生共同点评总结，教师填写考核表。

（5）实训报告：实训课后，学生上交一份实训报告

【实训考核】

客房清扫的考核内容如表 8-1 所示。

表 8-1　空房清扫考核内容

被考核人					
考核地点					
考核内容	空房清扫训练				
考核标准	内容	分值	自我评价	小组评议	实际得分
	进入房门	10			
	停放工作车	10			
	通风换气	15			
	擦尘，检查设备	20			

续表

	内容	分值	自我评价	小组评议	实际得分
考核标准	卫生间放水、抹尘	10			
	吸尘	10			
	检查	15			
	关门，登记	10			
	合计	100			

【实训作业】

2~3 人为一组，1~2 人在客房模拟清扫和准备过程，1 人记录过程中的问题。

【实训体会】

请每个同学写出自己的实训心得与体会。

实训任务九

中式铺床

【实训任务】

为客人提供中式铺床服务。

【实训目的】

要求学生通过中式铺床实训，熟练掌握这种现为绝大多数星级饭店所采用的铺床方法。同时，要求学生通过实际操作，能够对这种铺床方法提出一些建设性的改进意见，使之成为一种更科学的铺床方法。

【实训准备】

（1）物品准备：一张床配置一套棉织品，包括床单 1 条、被芯 1 床、被套 1 床、枕套 2 只、枕芯 2 只。

（2）场地准备：能摆放 20 张标准单人床，容纳 30~40 人进行技能训练的实训室。

（3）分组安排：学生每两人为一组，一名练习铺床，另一名观摩并负责记时、打分，两人轮流练习。

【实训内容】

（1）拉床。为了操作方便，将床拉出约 60 厘米。

（2）铺单。将折叠的床单正面向上，两手将床单打开。利用空气浮力定位，使床单的中线不偏离床垫的中心线，两头垂下部分相等。包边包角时注意方向一致，角度相等、紧密，不露巾角。

（3）套被套。将被芯平铺在床上。将被套外翻，把里层翻出。使被套里层的床头部分与被芯的床头部分固定。两手伸进被套里，紧握住被芯床头部分的两角，向内翻转，用力抖动，使被芯完全展开，被套四角饱满。将被套开口处封好。调整棉被位置，使棉被床头部分与床垫床头部分齐平，棉被的中线位于床垫的中心线。将棉被床头部分翻折 25 厘米。

（4）套枕套。将枕芯装入枕套，使枕套四角饱满，外形平整。两只枕头并列斜靠在床头板上的中间，与床成 45°斜角。

（5）推床。将铺好的床向前推进，与床头板吻合。

中式铺床的步骤如图 9–1 所示。

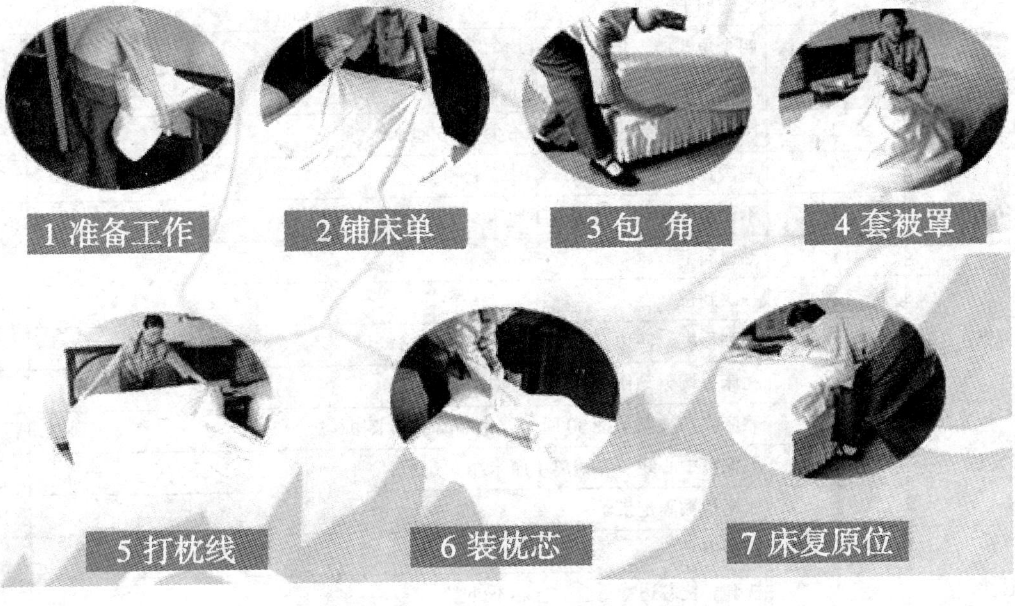

图 9–1　中式铺床的步骤

【实训步骤】

（1）理论讲解：教师讲解中式铺床的基本步骤和注意事项。

（2）教师示范：教师分步骤示范各环节的操作要领和应达到的效果。

（3）学生操作：学生分组操作练习，相互交流，教师加以指导。

（4）点评总结：师生共同点评总结，教师填写考核表。

（5）实训报告：实训课后，学生上交一份实训报告。

【实训考核】

中式铺床的考核内容如表 9–1 所示。

表 9–1 中式铺床考核内容

被考核人			
考核地点			
考核内容		中式铺床训练	
项目	满分	要 求	得分
仪容、仪表	5	仪容要求：服装整洁，无破损，无缺扣，头发整齐、不披散	
	5	仪表要求：表情自然，面带微笑，步履轻快，女生不化浓妆，不佩戴饰物	
甩单、定位	2	一次到位	
	4	不偏离中心线（每偏离 1 厘米扣 1 分）	
	3	毛边向上	
包角	6	四个角式样、角度一致，均匀、紧密	
	4	床两侧塞进床垫部分不少于 15 厘米	
	2	床头、床尾塞进床垫部分不少于 15 厘米	
甩被套定位	2	一次到位	
	4	不偏离中心线（每偏离 1 厘米扣 1 分）	
	5	毛边向上	
套棉被	2	一次到位	
	16	饱和程度（四边）	
	3	在床头调整动作（不超过三次）	
棉被定位	5	靠床头棉被向上翻 30 厘米（每偏离 1 厘米扣 0.5 分）	
	4	不偏离中心线（每偏离 1 厘米扣 0.5 分）	
	3	床尾棉被固定带子	
套枕头	4	四角饱满	
	4	枕套、枕芯边缘重叠，枕芯不外露	
	4	枕头外形平整、挺括	

续表

项目	满分	要　求	得分
放枕头	2	枕头开口处与床头柜相反	
	2	枕头与床单中线重叠（超1厘米扣1分）	
铺床尾垫及床面	4	床尾垫平整美观，两边留出距离均等	
	5	床面美观、平整	
时间		操作时间规定为3分钟，每提前10秒加1分，每超时10秒扣1分	

【实训作业】

学生分组进行铺床练习并评比。

【实训体会】

请每个同学写出自己的实训心得与体会。

实训任务十

西式铺床

【实训任务】

为客人提供西式铺床服务。

【实训目的】

使学生能掌握西式铺床技巧，能够在规定的时间内铺好一张床。

【实训准备】

（1）物品准备：以完成一张标准单人床的铺床服务所需物品为例，一张标准单人床、床垫保护垫一个、床单两条、毛毯一条、枕芯两个、枕套两个、床罩一个。

（2）场地准备：能摆放 20 张标准单人床，容纳 30~40 人进行技能训练的实训室。

（3）分组安排：学生每两人为一组，一名练习铺床，另一名观摩并负责记时、打分，两人轮流练习。

【实训内容】

（1）整理床垫、棉褥。

（2）铺第一条床单。服务员站在床头、床尾或床横向的中间位置抖单。床单正面朝上，中线与床中线吻合，床单保持平整，然后掖边包角。包角一般有侧包角和正包角两种方法，但角度要求一致，即内角 45 度，外角 90 度。

（3）铺第二条床单。服务员站位与铺第一条床单要求相同。第二条床单正面朝下，中线与床中线吻合，床单首端余出 10 厘米左右，床单保持平整。

（4）铺设毛毯。毛毯铺设在第二条床单上面。要求正面朝上，商标放在床尾，中线与床中线吻合。毛毯首端与床头距离要适当（一般 30 厘米左右）。然后将第二条床单首端反折在毛毯上面。最后将毛毯连同第二条床单同时塞入软垫下面，掖边包角。边角包法及要求与铺第一条床单相同。若需要在毛毯上铺设第三条床单，方法要求与毛毯铺设相同。

（5）放枕头。将枕头套好枕套，放在床头适当的位置。枕套开口一般朝外侧。

（6）铺床盖。正面朝上，对正中线。先整理床的尾端。要求床盖尾端及两侧下垂部分的长度一致，然后将床头多余部分塞入枕下并做出枕线。

铺床时应注意：洗手消毒；床单、枕套、床盖等床上用品要无皱；无破损无污迹。铺床时要求三线对齐，即床单中线、毛毯中线、枕头中线对齐。掖边要求平、严、实。包角要求式样、角度标准一致。

西式铺床的步骤如图 10-1 所示。

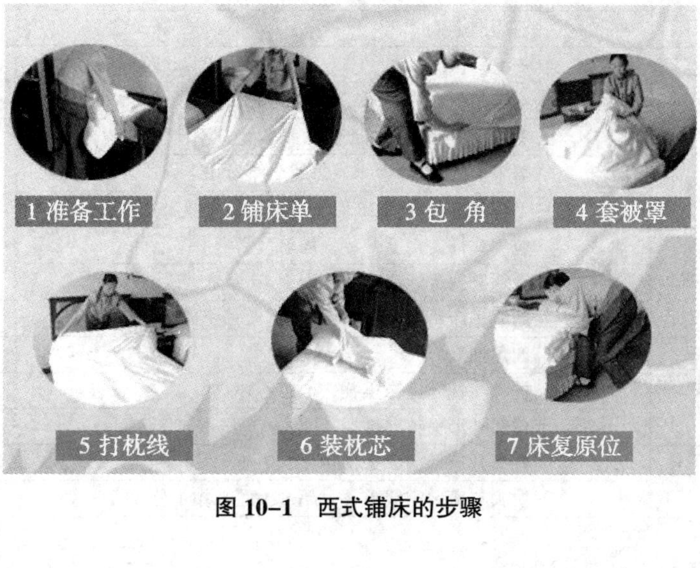

图 10-1　西式铺床的步骤

【实训步骤】

（1）理论讲解：教师讲解西式铺床的基本步骤和注意事项。

（2）教师示范：教师分步骤示范各环节的操作要领和应达到的效果。

（3）学生操作：学生分组操作练习，相互交流，教师加以指导。

（4）点评总结：师生共同点评总结，教师填写考核表。

（5）实训报告：实训课后，学生上交一份实训报告。

【实训考核】

西式铺床的考核内容如表 10-1 所示。

表 10-1　西式铺床考核内容

被考核人			
考核地点			
考核内容		西式铺床训练	
项目	满分	要　求	得分
仪容、仪表	5	仪容要求：服装整洁，无破损，无缺扣，头发整齐、不披散	
	5	仪表要求：表情自然，面带微笑，步履轻快，女生不化浓妆，不佩戴饰物	
第一次甩单、定位	2	一次到位	
	7	不偏离中心线（每偏离 1 厘米扣 1 分）	
	3	毛边向上	
第一次包角	6	四个角式样、角度一致，均匀、紧密	
	4	床两侧塞进床垫部分不少于 15 厘米	
	2	床头、床尾塞进床垫部分不少于 15 厘米	
第二次甩单、定位	2	一次到位	
	7	不偏离中心线（每偏离 1 厘米扣 1 分）	
	3	毛边向上	
用毛毯定位	2	一次到位	
	3	不偏离中心线（偏离 1 厘米扣 1 分）	
	3	毛毯商标在床尾右下方（不侧置、不朝下）	
	2	盖单覆毛毯 30 厘米（每超 2 厘米扣 1 分）	
	2	毛毯与床头距离 25 厘米（每超过 2 厘米扣 1 分）	
第二次包角	3	包角式样、角度一致，均匀、紧密	
	4	床两侧塞进床垫部分不少于 15 厘米	
	3	尾塞进床垫部分不少于 15 厘米	
套枕头	4	四角饱满	
	4	枕套、枕芯边缘重叠，枕芯不外露	
	4	枕头外形平整、挺括	
放枕头	3	枕头开口处与床头柜相反	
	3	枕头与床单中线重叠（超过 1 厘米扣 1 分）	

续表

项目	满分	要　求	得分
铺床罩	4	床面平整美观，床罩与床垫边线重叠	
	4	床罩盖没枕头，不露白边，床罩多余部分处理	
	4	床尾两角垂直、挺括	
时间		操作时间规定为 3 分钟，每提前 10 秒加 1 分，每超时 10 秒扣 1 分	

【实训作业】

学生分组进行西式铺床练习，并评比。

【实训体会】

请每个同学写出自己的实训心得与体会。

实训任务十一

开夜床实训

【实训任务】

为夜晚入店的客人提供开夜床服务。

【实训目的】

了解夜床服务的内容，明确开夜床的基本要求，掌握晚间整理（夜床服务）的服务程序及方法。

【实训准备】

（1）物品准备：工作车 4 辆、房卡 4 个。

（2）场地准备：标准间 4 间，客房状态为空房，能容纳 30~40 人进行实操训练。

（3）分组安排：学生分成 4 个组，在 4 个房间进行操作训练。逐个练习，其他学生观摩并评分，轮流练习。

【实训内容】

（1）若房间住一位男宾，开外侧的床，如图 11-1 所示。

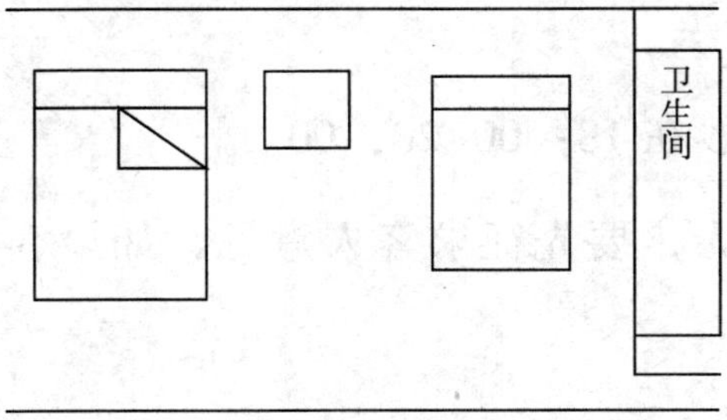

图 11-1　一位男宾的开床示意

（2）若房间住一位女宾，开里侧的床（靠卫生间墙一侧的床），如图 11-2 所示。

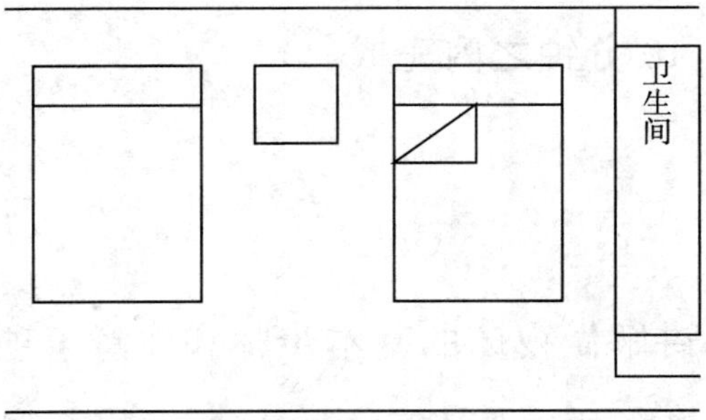

图 11-2　一位女宾的开床示意

（3）住两位男宾或两位女宾时，开床方向一致（朝外），如图 11-3 所示。

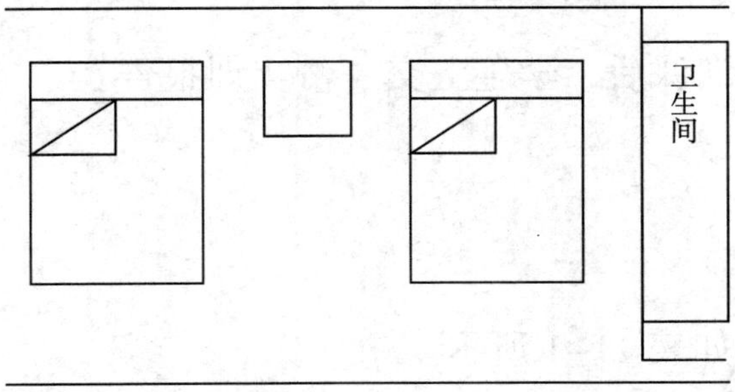

图 11-3　两位男（女）宾的开床示意

（4）夫妇房间开床方向相对，如图 11-4 所示。

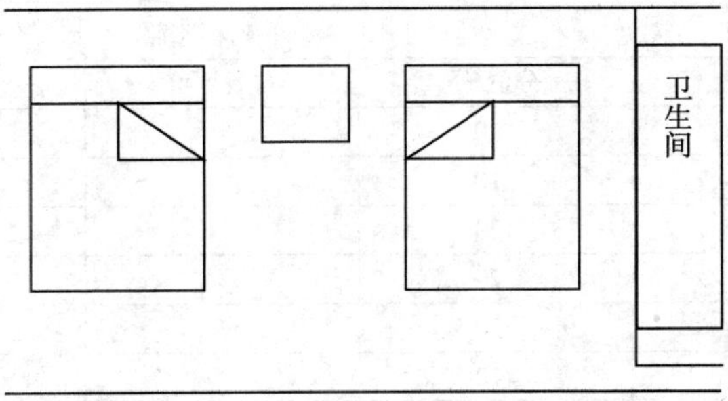

图 11-4　夫妇开床示意

【技能训练注意事项】

（1）开夜床的时间一般在 18：00~20：00。

（2）遇到房间内有客人，要先征求客人意见，如果客人不需要，应在工作表上注明。

（3）住一位客人的房间，每天要开固定的床位。

（4）做夜床时被子或床单和毛毯回折角度可有 30 度角、45 度角和 90 度角等多种。

（5）整个训练时间在 10 分钟之内完成。

【实训步骤】

（1）理论讲解：教师讲解做夜床的基本步骤和注意事项。

（2）教师示范：教师分步骤示范各环节的操作要领和应达到的效果。

（3）学生操作：学生分组操作练习，相互交流，教师加以指导。

（4）点评总结：师生共同点评总结，教师填写考核表。

（5）实训报告：实训课后，学生上交一份实训报告。

【实训考核】

开夜床的考核内容如表 11–1 所示。

表 11–1　开夜床的考核内容

被考核人					
考核地点					
考核内容	开夜床训练				
考核标准	内容	分值/分	自我评价	小组评议	实际得分
	敲门入房	20			
	开门开灯	10			
	整理卧室	20			
	做夜床	20			
	整理卫生间	20			
	关门退出	10			
	合计	100			

【实训作业】

2~3 人一组进行做夜床练习，小组评比。

【实训体会】

请每个同学写出自己的实训心得与体会。

实训任务十二

会议服务训练

【实训任务】

给客人提供会议服务。

【实训目的】

会议的厅室布置，明确服务程序，掌握各种会议的基本服务方法，能用英文完成会议服务。

【实训准备】

（1）物品准备：课桌、椅子若干套；单人沙发、茶几一套；茶具（茶杯、垫盘、杯垫）若干套；便笺及铅笔、红蓝铅笔若干；毛巾及毛巾托若干；主客方示意牌；托盘；暖瓶。

（2）场地准备：模拟会见厅，摆成马蹄形 6~8 个座位。模拟会谈厅，摆成一字 6~8 个座位。能容纳 30~40 人进行实操训练。

（3）分组安排：学生分成两大组，分别在模拟会见厅和模拟会谈厅练习。一名学生扮演服务员，其他学生扮演主客双方人员，进行会议服务练习，轮流进行。

【实训内容】

1. 会议摆设

（1）摆设会场要求在客人到达前一晚，夜班员工或主管另外指定人员按客人要求摆设好。

（2）每张会议台坐 3 人，会议台上铺绿绒布，原则是主位方向放在副主位方向绿绒布上面，避免主位客人看到接口。

（3）具体摆设

①若会议需提供纸笔，具体摆设是每位正中间摆放 A4 信纸 3 张，A4 信纸距离台边 1.5 厘米约一拇指宽；圆珠笔或铅笔 1 支紧贴摆放在 A4 信纸的右侧，圆珠笔及酒店标志正对客人，笔尖朝上方，笔尾与 A4 纸靠近桌边一侧平行；茶杯紧贴 A4 纸右上角，正中心与 A4 纸右竖侧成一直线，杯耳与 A4 纸右侧垂直。

②椅边前缘与台边垂直，与绿绒布平贴。

③绿绒布摆放离地面距离 1~2 厘米，以示美观。

④茶水台的摆设。如客人需要提供茶歇，在会议用台上铺上绿绒。并准备 1 个茶水桶和 2 个咖啡壶，分别装白开水和茶水。检查其是否有污渍，清洁干净后供客人开会使用。

2. 会议前检查

（1）会议前 30 分钟的准备工作和检查工作。

（2）细节检查项目。

①检查会议场地是否按客人要求摆设。

②接通所有电源，调试好各种客人所需设备（如投影机等）。

③检查横额是否已经摆好；窗帘、灯光是否按客人要求备好；空调温度是否适中，有否异味。

④检查会场的清洁卫生和垃圾桶，确保干净、整齐。

⑤客人到之前仔细查阅接待单，尤其是关于单位名、会议收费、会议要求等方

面的内容。

⑥一切工作准备好后，站在服务台，迎接客人的到来。

3. 会议接待

（1）会议期间提供客房散装绿茶，一个咖啡壶约放半两绿茶。如客人需用的是其他茶叶要做好交班。

（2）参加会议的客人到达后，负责的员工应主动示范各种会议器材的使用，并告知客人，如有需求，请随时提出，我们将提供服务。

（3）提醒客人注意事项：第一，建议客人不要在公共场所吸烟，如客人需要在会议期间吸烟，则提供烟灰缸。烟灰缸倒入少许水。第二，如客人自带小食或水果，应与客人交接好品种数量，按客人要求用碟或水果篮摆上会议台，并适量摆上垃圾篓（用作放果皮、壳等），在台面摆上纸巾。第三，告知客人不要在会议场所内吃气味强烈的食品，也不要吃对会场各种设施有损坏性的食品。

（4）客人入座后，按顺时针从客人的右侧上茶，逐一为客人斟茶，斟茶 7 分满为宜。原则上采取先宾后主，先领导后下级，先女士后男士的基本斟茶顺序。左手拿茶壶，右手伸出手掌，做个提示姿势，拿开茶杯盖，取过茶杯斟茶。放回茶杯时说“请用茶”，如客人需要开水，则按客人要求更换。

（5）补充茶水后把水壶放在茶水间电热水器上面保温，并告知客人每半小时服务员会进会议室加一次茶水，如果临时需要帮忙请按“9”致电总台或联系楼层服务员。如要求提供专人接待会议，则由主管安排专人在会议室服务客人。如客人人多或喝得比较快，加茶水次数相应多些，时间间隔短些。

（6）若客人提出在会议期间，不许服务员进场干扰，则需在会议前将茶水台放入会场边角位。所有咖啡壶冲满茶，并告知负责客人，如茶水剩下 1/4 壶左右，请联系服务员添加茶水。

（7）客人要求用烟灰缸，则要留意当烟头有三个以上时就要更换烟灰缸。换出来的烟灰缸拿到工作间用水淋湿，确保完全熄掉后再倒入垃圾桶中。

（8）会议期间如需要提供茶歇，应在茶歇时间前 15 分钟将咖啡及小食品、水果等准备好，为客人茶歇时做好服务。

（9）会议小休或午饭时，服务员应及时清理干净台面及地面，补充各种文具用品，换茶杯、烟灰缸，但不能搬动客人台上的各种物品，如发现客人台上留下贵重物品（如手机电话、提包等），应马上告知会务，让该客人拿回，以免遗失。

4. 会议结束

（1）会议结束后，服务员必须在会议负责客人离开前检查各种音响、电器等设备是否有损坏，绿绒台布、椅子的绒面布是否有烧穿或破损。如发现有上述问题，应立即告知会议负责客人，同时向主管或经理报告，明确是否需要向客人提出索赔或等待其他处理意见。

（2）客人下午、晚上或第二天再开会，将物品留在会场时，服务员应向客人说明，我们对此不负责任，请客人将贵重物品带回房间。

（3）客人散会后，服务员要进入会场检查有无遗留物品，场地及设备有无损坏。把窗户打开后，收拾会场。收拾完后，关掉会议室电源并锁好门。

5. 会场收拾

（1）收拾所有会议器材，归还借来的器材，把本部的器材装好放回原处。

（2）收拾所有台上茶杯、纸、笔，如客人未用过的文具应回收存放。清洗所有杯具、器皿，清理各处卫生，关掉各种电器的开关并拔下插头，更换弄脏的绿台布。

（3）清洗茶杯、烟灰缸、咖啡壶等客人使用过的用品，茶杯需要消毒，并存放在消毒柜中。

（4）若当班不能完成会场清洁的所有工作，应征得主管同意并与下班次做好口头和文字交班。

【实训步骤】

（1）理论讲解：教师讲解会议服务的基本步骤和注意事项。

（2）教师示范：教师分步骤示范各环节的操作要领和应达到的效果。

（3）学生操作：学生分组操作练习，相互交流，教师加以指导。

（4）点评总结：师生共同点评总结，教师填写考核表。

（5）实训报告：实训课后，学生上交一份实训报告。

【实训考核】

会议服务考核内容如表 12–1 所示。

表 12–1　会议服务考核内容

被考核人					
考核地点					
考核内容	会议服务训练				
考核标准	内容	分值/分	自我评价	小组评议	实际得分
	场地布置	10			
	主位确定	15			
	摆台服务	15			
	上茶服务	15			
	续水服务	20			
	上毛巾服务	15			
	迎送客服务	10			
	合计	100			

【实训作业】

进行布置会场、摆台、迎宾服务、上茶服务、续茶服务、上毛巾服务、送客服务的练习。

【实训体会】

请每个同学写出自己的实训心得与体会。

实训任务十三

布草房的管理训练

【实训任务】

进行布草房的管理工作。

【实训目的】

在明确布草房管理基本任务的基础上，掌握布草房的清洁保养技术，能够对布草房进行常规性的保养，并会填写如下相关业务表单，能用英文完成服务。

品名	额定数量	客户		楼层布件房		洗衣房		盘点总数	报废数量	补充数量	差额总数	备注
		定额	实盘	定额	实盘	定额	实盘					

品名________ 规格________ 申报人________ 批准人________		
报废原因	数量	处理意见
无法除渍		
无法修补		
年限已到		
其他		
合计		

【实训准备】

（1）物品准备：电脑布件盘点统计表、报损单、笔、计算器。

（2）场地准备：模拟楼层小库房、本楼层，能容纳 30~40 人进行实操训练。

（3）分组安排：学生每 8~10 人为一组，1 名学生练习，其他学生观摩并负责评价、打分，轮流练习。

【实训内容】

1. 布件房的管理和控制

（1）合理存放。

（2）收发制度。

（3）报废和再利用。

（4）严禁不正当地使用。

（5）把好洗涤关。

（6）定期盘点。

2. 布件的保养工作

（1）尽量减少存库的时间。

（2）新布件必须经洗涤后才能投放使用。

（3）备用布件要按先进先出的原则投入使用。

（4）洗涤后的布件要放置一段时间，以利其散热、透气。

（5）要消除污染和破损布件的隐患。

3. 工服的管理工作

（1）设计与选购。

（2）订购。

（3）日常送领。

（4）入库保管。

（5）更新与补充。

【实训步骤】

（1）理论讲解：教师讲解布件房管理基本步骤和注意事项。

（2）教师示范：教师分步骤示范各环节的操作要领和应达到的效果。

（3）学生操作：学生分组操作练习，相互交流，教师加以指导。

（4）点评总结：师生共同点评总结，教师填写考核表。

（5）实训报告：实训课后，学生上交一份实训报告。

【实训考核】

布草房管理的考核内容如表 13–1 所示。

表 13–1　布草房管理考核内容

被考核人					
考核地点					
考核内容	布草房的管理训练				
考核标准	内容	分值/分	自我评价	小组评议	实际得分
	清点布件	20			
	布件分类	20			
	布件报损	20			
	填写报单	30			
	接受检查	10			
	合计	100			

【实训作业】

分组练习布草房的操作管理步骤，并小组评比。

【实训体会】

请每个同学写出自己的实训心得与体会。

实训任务十四

小酒吧服务训练

【实训任务】

为客人提供小酒吧服务。

【实训目的】

通过实训学习，使学生掌握客房小酒吧服务的程序和内容，并能够用流利的英文完成服务。

【实训准备】

（1）物品准备：若干种酒水、饮料、食品、客房小酒吧收费单、模拟小酒吧或小冰箱。

（2）场地准备：教室一间，能容纳 30~40 人进行技能训练。

（3）分组安排：根据模拟物品准备的套数，让学生分组练习，轮流进行。

【实训内容】

（1）为方便客人在房间享用酒水饮料的需求，同时增加饭店客房收入，中高档饭店的客房必须配备小冰箱或小酒吧，存放一定数量的饮料和干果，供客人自行取用。

（2）收费单放在柜面，一式三联，上面注明各项饮料食品的储存数量和单价，请客人自行填写耗用数量并签名。

（3）服务员每天上午清点冰箱内饮料食品的耗用量，与收费单核对。如客人未填写，则由服务员代填。核对无误后，交客房服务中心。单据的第一、第二联转给前厅收银处，费用填入客人账单。第三联由领班统计，填写楼层饮料日报表，作为到食品仓库领取补充品的依据。

（4）客人离店时，服务员应及时进房检查小酒吧，并报总台。

（5）服务员要及时进行小酒吧中酒、饮料等的补充。

（6）楼层领班每天需要对本楼层的使用消耗情况进行记录、统计和核对。

（7）领班需要定期检查发现是否有饮料食品快要过期，并及时更换。

【实训步骤】

（1）理论讲解：教师讲解小酒吧服务的基本步骤和注意事项。

（2）教师示范：教师分步骤示范各环节的操作要领和应达到的效果。

（3）学生操作：学生分组操作练习，相互交流，教师加以指导。

（4）点评总结：师生共同点评总结，教师填写考核表。

（5）实训报告：实训课后，学生上交一份实训报告。

【实训考核】

小酒吧服务的考核内容如表 14-1 所示。

【实训作业】

分组完成小酒吧服务的练习，小组评比。

表 14–1　小酒吧服务考核内容

被考核人					
考核地点					
考核内容	小酒吧服务训练				
考核标准	内容	分值	自我评价	小组评议	实际得分
	清点检查	30			
	查阅核对	30			
	送单	10			
	添补	20			
	报损	10			
	合计	100			

【实训体会】

请每个同学写出自己的实训心得与体会。

实训任务十五

洗衣服务训练

【实训任务】

为一住店客人提供洗衣服务。

【实训目的】

通过实训，学生了解洗衣服务的程序，学习收取、分送客衣的方法，明确服务中应注意的事项，能够用流利的英语完成服务。

【实训准备】

（1）物品准备：衣服若干件、洗衣单、秒表、课桌两个。

（2）场地准备：教室一个，能容纳 30~40 人进行技能训练的实训室。

（3）分组安排：学生分成四个大组，分别在教室的四个位置进行练习。每两人为一小组，分别扮演服务员和客人进行训练，其他学生观摩并评分，轮流练习。

【实训内容】

1. 洗衣的类型

（1）普通洗衣（上午10点之前收，当天送达）。

（2）快洗（下午2点之前收，当天送达）。

2. 洗衣程序

（1）收取客人衣服。

（2）在规定时间以前应将衣服从房间取出。

（3）如客人未填写洗衣单，将洗衣单放在洗衣袋上，不要收洗，留下“服务通知单”提醒客人：如果需要洗衣服务，请与客房中心联系。客人口头交代或客房中心通知收洗时，可以收出。

（4）挂在门口的洗衣单要填写房号。

3. 检查登记

（1）交洗的客衣应检查是否有破损或有物品遗留在袋内。

（2）要与洗衣单所填写的客人姓名、房号、件数、日期、时间进行核对，并做好登记。

（3）集中放在指定地点，在规定时间点交给洗衣房。

（4）快洗或有特殊洗涤要求的衣物在洗衣单上做好标记，与洗衣房交代清楚。

4. 送还洗衣

（1）洗衣房送回的衣服应与登记本仔细核对，点清件数。

（2）送衣进房时，按进房程序进房。

（3）交洗的客衣如有损缺或客人投诉，要查明情况，妥善处理。

5. 整个训练在5分钟内完成

【技能训练注意事项】

（1）收取客衣时，凡是客人装入洗衣袋的衣服方可取走，放在其他地方没有客人吩咐的，不能取走。

（2）收取客衣时，检查核对是最主要的一项工作，服务员要认真仔细地完成。

（3）收取后要将洗衣袋口系紧，及时送交相关部门，不能随意乱放或挂在工作车上。

（4）凡是熨烫的高级时装，要用衣架挂好，不要折叠摆放。

【实训步骤】

（1）理论讲解：教师讲解洗衣服务的基本步骤和注意事项。

（2）教师示范：教师分步骤示范各环节的操作要领和应达到的效果。

（3）学生操作：学生分组操作练习，相互交流，教师加以指导。

（4）点评总结：师生共同点评总结，教师填写考核表。

（5）实训报告：实训课后，学生上交一份实训报告。

【实训考核】

洗衣服务考核内容如表15–1所示。

表15–1　洗衣服务考核内容

被考核人					
考核地点					
考核内容	洗衣服务训练				
考核标准	内容	分值	自我评价	小组评议	实际得分
	收取客衣	15			
	核对	15			
	检查	15			
	客衣登记	20			
	分送客衣	20			
	交送账单	15			
	合计	100			

【实训作业】

分组进行洗衣服务练习，小组评比。

【实训体会】

请每个同学写出自己的实训心得与体会。

实训任务十六

擦鞋服务

【实训任务】

为住店客人提供擦鞋服务。

【实训目的】

通过实训，学生了解擦鞋服务的程序，学习收取、送还客鞋的方法，明确服务中应注意的事项，能够用流利的英语完成服务。

【实训准备】

（1）物品准备：鞋子四双、擦鞋篮四个、纸条若干、擦鞋单、秒表、课桌两个。

（2）场地准备：教室一个，能容纳 30~40 人进行技能训练的实训室。

（3）分组安排：学生分成四大组，分别在教室的四个位置进行练习。每两人为一小组，分别扮演服务员和客人进行训练，其他学生观摩并评分，轮流练习。

【实训内容】

1. 接到要求

（1）在接到客人要求后，应及时前往客房收取擦鞋篮。

（2）在过道巡视时，发现住客房门前的擦鞋篮，应立即拿到工作间进行擦拭。

2. 按要求擦鞋

（1）将鞋篮编号，并将客人的房号写在纸条上放入鞋篮或用粉笔在鞋底注明房号，防止弄混。

（2）将鞋放置于工作间或服务中心，按规程擦鞋，应注意避免混色及将鞋油弄在鞋底上。

3. 送还

（1）一般应在半小时后、两小时之内，将擦好的鞋送入客人房内。

（2）对于提出特别时间要求的客人，应及时将鞋送回。

（3）送还时如果客人不在房间，应将擦好的皮鞋放于行李柜旁。

【技能训练注意事项】

（1）收取客人的皮鞋到工作间，应立即写好房号牌放置鞋内并做好记录，如客人没有特别要求的，鞋应在两小时内擦好送回客房。

（2）擦鞋时要先铺上纸再剔除鞋面和鞋底的泥沙等以免弄脏地面。

（3）根据鞋子质地和色泽选用合适的鞋油和鞋刷，擦好鞋后再用软布抛光。

（4）注意鞋边、鞋舌、鞋底要擦净，鞋内侧和鞋带不可弄脏。

（5）检查无误后送入相应客房。

（6）特别留意雨天的擦鞋服务。

【实训步骤】

（1）理论讲解：教师讲解擦鞋服务的基本步骤和注意事项。

（2）教师示范：教师分步骤示范各环节的操作要领和应达到的效果。

（3）学生操作：学生分组操作练习，相互交流，教师加以指导。

（4）点评总结：师生共同点评总结，教师填写考核表。

（5）实训报告：实训课后，学生上交一份实训报告。

【实训考核】

擦鞋服务考核内容如表 16–1 所示。

表 16–1　擦鞋服务考核内容

被考核人					
考核地点					
考核内容	擦鞋训练				
考核标准	内容	分值/分	自我评价	小组评议	实际得分
	收取客鞋	20			
	核对检查	20			
	登记	20			
	擦拭	30			
	送还	10			
	合计	100			

【实训作业】

分组进行擦鞋服务练习，小组评比。

【实训体会】

请每个同学写出自己的实训心得与体会。

实训任务十七

投诉处理训练

【实训任务】

处理客人的投诉。

【实训目的】

通过实训，学生能按照正确、规范的要求完成投诉的处理。

【实训准备】

（1）物品准备：电话两部。

（2）场地准备：一间标准客房，能容纳 30~40 人进行实操训练。

（3）分组安排：学生每 8~10 人为一组，1 名学生模拟客房服务员，1 名学生模拟客人，在楼道和客房中进行练习，其他学生观摩并负责打分，轮流练习。

【实训内容】

（1）倾听客人诉说，确认问题较复杂，应按程序处理。

（2）请客人移步至不引人注意的一角，对情绪冲动的客人或由外地刚抵埠的客人，应奉上茶水或其他不含酒精的饮料。

（3）耐心、专注地倾听客人陈述，不打断或反驳客人。用恰当的表情表示自己对客人遭遇的同情，必要时做记录。

（4）区别不同情况，妥善安置客人。对求宿客人，可安置于大堂吧稍作休息；对本地客人和离店客人，可请他们留下联系电话或地址，为不耽误他们的时间，请客人先离店，明确地告诉客人给予答复的时间。

（5）着手调查。必要时向上级汇报情况，请示处理方式，做出处理意见。

（6）把调查情况与客人进行沟通，向客人做出必要解释，争取让客人同意处理意见。

（7）向有关部门落实处理意见，监督、检查有关工作的完成情况。

（8）再次倾听客人的意见。

（9）把事件经过及处理整理成文字材料，存档备查。

【技能训练注意事项】

（1）提早起立问候。

（2）学会道歉。面对客人指出的、不可推卸的错误，必须做到不厌烦、不狡辩、不推脱。

（3）设法解决客人的问题。

（4）注意聆听。

（5）注意平息客人的怒气，不与客人争辩。

（6）通过岔转话题，转移客人怒火。

（7）向客人提出新建议，并指出新建议的好处。

（8）站在客人立场考虑问题（换位思考）。

（9）通过倒茶、送水果等物质手段向客人致歉，缓和气氛。

（10）有始有终，以告别语给客人留下好印象。

【实训步骤】

（1）理论讲解：教师讲解投诉处理的基本步骤和注意事项。

（2）教师示范：教师分步骤示范各环节的操作要领和应达到的效果。

（3）学生操作：学生分组操作练习，相互交流，教师加以指导。

（4）点评总结：师生共同点评总结，教师填写考核表。

（5）实训报告：实训课后，学生上交一份实训报告。

【实训考核】

投诉处理的考核内容如表 17–1 所示。

表 17–1 投诉处理的考核内容

被考核人					
考核地点					
考核内容	投诉处理训练				
考核标准	内容	分值	自我评价	小组评议	实际得分
	倾听	20			
	安抚客人	20			
	处理方式	20			
	处理态度	20			
	仪态仪表	20			
	合计	100			

【实训作业】

（1）两人一组，一人扮演服务员，一人扮演住店客人，然后互换角色模拟练习。

（2）两人一组，模拟投诉处理的情境。

【实训体会】

请每个同学写出自己的实训心得与体会。

实训任务十八

大堂清洁训练

【实训任务】

进行大堂清洁服务。

【实训目的】

通过实训，学生懂得大堂清洁的规范，学会专业的清洁保养知识和技能，熟练掌握大堂清洁范围及工作，高质量地完成大堂清洁服务。

【实训准备】

（1）物品准备：吸尘器、小铲、抹布、镊子、清洁剂、保养蜡等（见图 18–1）。

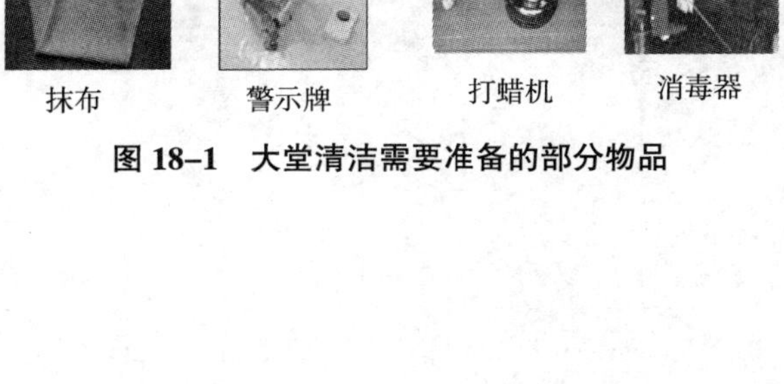

图 18–1　大堂清洁需要准备的部分物品

（2）场地准备：模拟大堂环境，能容纳30~40人进行实操训练的场所。

（3）分组安排：学生每8~10人为一组，一名练习大堂清洁，其他学生观摩并负责打分，轮流练习。

【实训内容】

1. 推尘

（1）用平放在地面的尘拖直线方向推尘，尘拖不能离地，将灰尘推到较隐蔽的地方处理。

（2）拖完一次后，用吸尘机吸干净尘拖上的灰尘。

（3）通常要求每半小时循环一次。

2. 换烟灰缸

如果发现烟灰缸有两个以上烟蒂，应马上替换烟灰缸。替换烟灰缸时，必须用托盘，先用干净的烟灰缸将有烟蒂的烟灰缸盖上并一起拿掉，放到托盘里，然后将干净的烟灰缸换上。

3. 整理座位

大堂供客人休息的沙发、茶几、桌、椅及桌上的台灯等，由于客人使用频繁，必须随时整理归位。地面、桌面、沙发上如有垃圾、果皮、纸屑等，立即清理。

4. 除尘

抹去各种告示牌、电话台、电梯门、总服务台、台面灯座、挂画、花盆和大堂玻璃门等的浮尘。

5. 大堂入口处内外垫毯的清洁

每天至少吸尘一次，每晚要揭开地毯扫干净尘土后用湿地拖拖干净。每周更换、冲洗垫毯一次。

【实训步骤】

（1）理论讲解：教师讲解大堂清洁的基本步骤和注意事项。

（2）教师示范：教师分步骤示范各环节的操作要领和应达到的效果。

（3）学生操作：学生分组操作练习，相互交流，教师加以指导。

（4）点评总结：师生共同点评总结，教师填写考核表。

（5）实训报告：实训课后，学生上交一份实训报告。

【实训考核】

大堂清洁保养的考核内容如表 18-1 所示。

表 18-1　大堂清洁保养的考核内容

被考核人					
考核地点					
考核内容	大堂清洁保养训练				
考核标准	内容	分值	自我评价	小组评议	实际得分
	准备工作	10			
	地面干拖（云石、大理石地面）	20			
	家具及云石台清洁保养	20			
	烟灰缸的清洁	20			
	电梯清洁保养	20			
	环视自查大堂环境卫生	10			
	合计	100			

【实训作业】

8~9 人一组，1 人进行大堂清洁练习，其他同学进行观察、协助、配合。然后，小组成员互换角色。

【实训体会】

请每个同学写出自己的实训心得与体会。

实训任务十九

公共洗手间的清洁保养训练

【实训任务】

进行公共洗手间清洁保养服务。

【实训目的】

通过实训，学生熟练掌握客用洗手间的清洁程序，能在规定时间内，高质量地完成公共洗手间的清洁服务。

【实训准备】

（1）物品准备：清洁桶、各种清洁刷、各种清洁剂、干湿抹布和清洁手套，以及告示牌。

（2）场地准备：四间公共洗手间，能容纳 30~40 人进行实操训练。

（3）分组安排：学生每 8~10 人为一组，1 人练习公共洗手间清洁，其他学生观摩并负责打分，轮流练习。

【实训内容】

1. 清洁用具的准备

2. 清洁镜面、云台、洗手盆

（1）用百洁布（刷）蘸上清洁剂清洁台面、脸盆，然后用清水刷净，用布擦干。

（2）用海绵块蘸少许中性清洁剂擦除脸盆不锈钢件的皂垢、水斑，然后用干布擦亮擦干。

（3）擦干镜面。可在镜面上喷少许玻璃清洁剂，然后用干抹布擦亮。

3. 清洁坐厕、尿槽

（1）用专用的百洁布刷洗坐厕、尿槽，放水冲洗干净。

（2）如有水锈可以加少量的酸性清洁剂清洗，并用清水冲净。

（3）用专用的干布将水渍擦干后，再用消毒水对坐厕、尿槽进行消毒。

4. 清洁手纸架

擦净手纸架上的灰尘。

5. 清洁地面

放置告示牌，用水清洗地面污垢后，用干地拖将地面水渍拖干。

【清洁标准】

（1）卫生洁具做到清洁、无水迹、无头发、无异味。

（2）墙面四角干净，无蛛网，地面无脚印、无杂物。

（3）镜子保持明净，无灰尘、无污迹、无水迹。

（4）金属器具保持光亮，无水迹、无锈斑。

（5）卫生用品保证齐全，无破损。

（6）保持卫生间内空气清新。

（7）大清洁 1 次/天，小清洁 2 次/天（商务楼半小时一次），抽检 3 次/天。

【技能训练注意事项】

（1）注意清洁工具及清洁剂的正确使用。

（2）注意干湿毛巾的正确使用。

（3）注意卫生间的消毒情况。

（4）注意告示牌的使用。

【实训步骤】

（1）理论讲解：教师讲解公共洗手间清洁的基本步骤和注意事项。

（2）教师示范：教师分步骤示范各环节的操作要领和应达到的效果。

（3）学生操作：学生分组操作练习，相互交流，教师加以指导。

（4）点评总结：师生共同点评总结，教师填写考核表。

（5）实训报告：实训课后，学生上交一份实训报告。

【实训考核】

公共洗手间清洁保养的考核内容如表 19–1 所示。

表 19–1　公共洗手间清洁保养的考核内容

被考核人					
考核地点					
考核内容	公共洗手间清洁保养训练				
考核标准	内容	分值	自我评价	小组评议	实际得分
	准备清洁用具	10			
	镜面、云石台、洗手盆的清洁	20			
	坐厕、尿槽的清洁	10			
	坐厕水箱的清洁	10			
	不锈钢洁具的清洁	20			
	地面的清洁	20			
	告示牌的使用	10			
	合计	100			

【实训作业】

8~9 人一组，1 人进行公共洗手间清洁保养练习，其他同学进行观察、协助、配合。然后，小组成员互换角色。

【实训体会】

请每个同学写出自己的实训心得与体会。

实训任务二十

地毯清洁保养训练

【实训任务】

进行地毯清洁保养服务。

【实训目的】

通过实训，学生可以熟练掌握地毯清洁，高质量地完成地毯清洁服务。

【实训准备】

（1）物品准备：吸尘器、清洁刷子等清洁器具、地毯清洁剂（见图 20–1）。

吸尘器及组件

清洁刷子

小铲

清洁剂

图 20–1　地毯清洁保养需要的部分物品

（2）场地准备：铺有地毯的模拟实训室，能容纳 30~40 人进行实操训练。

（3）分组安排：学生每 8~10 人为一组，1 名练习吸尘，其他学生观摩并负责打分，轮流练习。

【实训内容】

1. 地毯污渍清除方法

（1）油脂。彻底吸干，用海绵蘸上干洗剂擦拭，然后吸干。如有必要可反复进行。

（2）一般食物。彻底清除食物，吸干汁水。用海绵蘸上清洁剂溶液擦拭，吸干水分，再用清水擦拭，吸干水分。如果难以除去，可用海绵蘸上干洗剂擦拭，并用纱布吸干。

（3）番茄酱。彻底除去番茄酱，用海绵蘸上清洁剂溶液，吸干溶液，然后再用海绵块蘸上清水擦拭并吸干水分。如有必要可反复进行。如果仍然存有色斑，可用海绵蘸上漂白剂溶液擦拭，吸干溶液，然后再用海绵蘸上清水擦拭，并吸干水分。

（4）果汁。用干布吸干果汁，用海绵蘸上清洁剂溶液擦拭，吸干溶液，再用海绵蘸上清水擦拭、吸干，如仍有色斑，可用漂白剂溶液清除。

（5）可乐。用干布将可乐吸干，用海绵蘸上清洁剂溶液擦拭，吸干溶液，然后再用海绵蘸上清水擦拭，并吸干水分。

（6）咖啡。用干布彻底吸干咖啡液，用海绵蘸上清洁剂溶液擦拭，吸干溶液，然后再用海绵蘸上清水擦拭，并吸干水分。如果污迹时间较长，可用漂白剂溶液清除，吸干溶液后可再用海绵蘸上清水擦拭，并吸干水分。

（7）蜡迹。彻底刮去蜡烛斑点，在斑迹上铺上潮布，用熨斗熨烫，使溶化的蜡液被潮布吸除。

（8）口香糖。用口香糖陈迹剂喷在口香糖上，待其硬化后，将其剔除。

（9）口红、指甲油。用海绵蘸上醋酸戊脂或专用清洁剂擦拭，吸干，然后用清水清洗干净，吸干水分。

（10）葡萄酒。彻底吸干酒液，用海绵蘸上清洁剂溶液擦拭，吸干溶液，再用海绵蘸上清水擦拭，吸干水分。

（11）茶水。彻底吸干，用海绵蘸上酸性清洁剂擦拭，吸干溶液，再用清水清洗干净，吸干水分。

（12）血迹。先吸干血液，再用冷水浸泡，用干布吸干。然后用海绵块蘸上清洁剂擦拭，吸干溶液，用清水洗干净，吸干水分。

2. 对地毯污渍进行清除时应注意的问题

（1）清除小块污渍前，先用清水湿润污渍周边的地毯，以防止污渍潮湿后向周边扩延。

（2）如遇到较重的污渍，可用软刷进行擦刷，擦刷要采用旋刷的方法，以减轻对地毯纤维的损伤。

（3）用温水调兑清洁剂，效果更佳。

（4）使用清洁剂后，必须用清水清洗干净，减轻地毯受到清洁剂的损伤。

3. 定期对地毯进行彻底的清洗

洗地毯是一项技术要求极高的工作，饭店应配备专职地毯清洗工，并经过严格培训后才能独立操作。根据地面情况可半年洗一次或一年洗一次。

清洗方法有 3 种：

（1）干泡擦洗。干泡擦洗是指泡洗地毯机将泡洗涤剂高速打泡后，喷射在地毯上，机器底部擦盘随即擦洗地毯，使干泡剂渗透到地毯根部，干泡剂与地毯里的尘埃结成晶体，十几分钟后用吸尘器将结晶体吸去，地毯便干净了。它的特点是，经高速打泡后喷射到地毯上的泡沫只含约 6%的水分，与尘埃结晶后再被吸除，地毯便非常干爽了。此方法用于洗涤羊毛地毯效果尤佳，可防潮、防霉变。

（2）旋转湿擦洗。它是将大量稀释后的清洁液经机器放入地毯，机器底部擦盘在主机带动下旋转擦洗地毯纤维，洗后用吸水机吸除脏液，但在地毯里仍会留有大量水分。这种清洗方法能洗去污垢，但不易干，也易沾染脏物，所以不能用来洗羊毛地毯，否则羊毛地毯会缩水、褪色、变形，纤维倒伏不易恢复弹性。此方法适合洗涤化纤地毯。

（3）温水抽吸洗涤。它是用高压将经温水稀释的清洁液喷射在地毯上，将污垢喷离地毯，再由与喷口同时工作的吸口将脏液吸走，从而达到洗净地毯的目的。它的特点是操作轻松方便，对地毯纤维没有损伤，但洗涤后地面湿度大，所以只适用对化纤地毯的洗涤。

【技能训练注意事项】

（1）正确使用吸尘器。

（2）吸尘器连续使用不要超过一小时。

（3）正确使用地毯清洁剂。

【实训步骤】

（1）理论讲解：教师讲解地毯清洁的基本步骤和注意事项。

（2）教师示范：教师分步骤示范各环节的操作要领和应达到的效果。

（3）学生操作：学生分组操作练习，相互交流，教师加以指导。

（4）点评总结：师生共同点评总结，教师填写考核表。

（5）实训报告：实训课后，学生上交一份实训报告。

【实训考核】

地毯清洁保养的考核内容如表 20-1 所示。

表 20–1 地毯清洁保养的考核内容

被考核人					
考核地点					
考核内容	地毯清洁保养训练				
考核标准	内容	分值	自我评价	小组评议	实际得分
	准备工作	20			
	进入房间	10			
	操作过程	20			
	清理污渍	20			
	检查	20			
	退出房间	10			
	合计	100			

【实训作业】

8~9 人一组，1 人进行地毯清洁练习，其他同学进行观察、协助、配合。然后小组成员互换角色。

【实训体会】

请每个同学写出自己的实训心得与体会。

实训任务二十一

发生火灾的应急处理训练

【实训任务】

在发生火灾时进行应急处理。

【实训目的】

通过实训，学生熟练掌握火灾通报和扑救工作，能迅速地完成火灾的急救任务。

【实训准备】

（1）物品准备：灭火器 4 个、应急灯 4 个、手电筒 4 个。

（2）场地准备：4 间标准客房及客房楼层，能容纳 30~40 人进行实操训练。

（3）分组安排：学生每 8~10 人为一组，在一间标准间中进行练习，1 名学生模拟客房服务员发现火情，处理、扑救，1 名学生模拟饭店消防中心成员，其他学生模拟客人，轮流操作练习。

【实训内容】

1. 发生火灾的应急处理

（1）及时发现火源。

①当自动报警器发出火警信号时，应停止手中的一切工作，查明火源，迅速到场，了解火势状况，并采取有效措施扑灭火源。

②当自动报警器未发出火警信号指示，可是已闻到着火的气味，值班人员应立即查找火源，并报告上级领导。

③根据平时所掌握的住客情况，有针对性地迅速查找火源。

④发现火源后，迅速查清失火燃烧物。

（2）及时报警。查明火源、火情后，及时向有关部门报告。报警时，一定要语音清楚，并把详细地址、时间、火情、报告人等讲清楚。报警往往分为一级报警和二级报警。一级报警是只向消防中心报警，其他场所听不到警声，这样不至于造成整个饭店的紧张气氛；二级报警是在消防中心确认已发生较大火灾情况下，才向全饭店和当地消防部门报警。二级报警须征得值班经理的同意。

（3）及时扑救。

①如果火源燃烧面积不大，可根据火情用水桶、灭火器材、消防栓等进行补救。

②根据火情，采取有效的灭火措施，同时注意宾客的人身、财产安全。

③灭火后，服务员要妥善保护好现场，一切无关人员不能进入火灾现场，为有关部门调查起火原因提供线索。

（4）疏导宾客。

①当火灾发生时，服务员要迅速打开太平门、安全梯，并组织人员有步骤地疏导宾客。

②各层楼梯口、路口、大门口都要有人指挥把守，以便为客人引路。为了使宾客能及时迅速脱险，应在疏散时明确疏散路线和人流分配，要避免大量客人涌向一个出口，造成挤死、挤伤事故。

③火灾发生后，要逐一检查房间内是否有客人。

④根据火势大小和火灾发生所在区域（大楼的上层、中层和下层）应有不同的疏散方案。

2. 查找火灾起因

（1）乱扔未熄灭的烟头、火柴梗，引起地毯、沙发、衣服等可燃物起火；宾客在客房内吸烟，不慎引起被褥或沙发、窗帘等可燃物起火；宾客睡觉前在床上吸烟，烟头不慎引燃可燃物。

（2）常住客不通过有关部门，无限度地增加电器设备，引起负荷量超载，造成电源短路，引起火灾；宾客在客房内使用电饭锅、电炉子，不慎引起火灾；客人在房间内使用电熨斗，不慎引起火灾。

（3）客人在房间阳台放的资料过多，年节放烟火，引起火灾；客人将易燃、易爆物品带进客房，引起火灾。

（4）服务员用吸尘器搞卫生时，为了方便，把未熄灭的烟头从烟灰缸吸到吸尘器的尘袋内，引起火灾。

（5）客房内台灯、壁灯、立灯的灯罩与灯泡距离太近，接近了高温部位，引起火灾；客房内电器设备安装不良，使绝缘损坏，短路起火；电冰箱、电视机、电风扇等开启后，使用时间过长，以致元件发热而起火。

（6）在客房内维修，没有采取防火措施；在客房内用化学涂料、油漆等，没有采取防火措施；可燃气体发生燃烧爆炸。

（7）防火安全系统不健全等。

【技能训练注意事项】

（1）发生火灾时客房服务员要有高度的责任心，沉着冷静，机智果断。

（2）要及时清理楼面和客房内的易燃物品。

（3）听到报警信号，应立即查实是否发生在本区域。

（4）疏散时应从太平门、安全通道撤离，客人离房后立即关好门并做出记号。

（5）注意保护客人人身及财物的安全。

（6）火灾发生后，要注意检查每一个房间是否有客人。

（7）除指定人员外，任何人不得与总机联系，全部电话必须畅通无阻，仅供发布火警紧急指示使用。

【实训步骤】

（1）理论讲解：教师讲解发生火灾的应急处理的基本步骤和注意事项。

（2）教师示范：教师分步骤示范各环节的操作要领和应达到的效果。

（3）学生操作：学生分组操作练习，相互交流，教师加以指导。

（4）点评总结：师生共同点评总结，教师填写考核表。

（5）实训报告：实训课后，学生上交一份实训报告。

【实训考核】

发生火灾的应急处理考核内容如表 21-1 所示。

表 21-1　发生火灾的应急处理考核内容

被考核人					
考核地点					
考核内容	发生火灾的应急训练				
考核标准	内容	分值	自我评价	小组评议	实际得分
	发现火源	15			
	及时报警	15			
	及时扑救	30			
	疏散宾客	30			
	保护现场	10			
	合计	100			

【实训作业】

8~9 人一组，1 人进行发生火灾的应急处理练习，其他同学进行观察、协助、配合。然后小组成员互换角色。

【实训体会】

请每个同学写出自己的实训心得与体会。

实训任务二十二

消防器材的运用训练

【实训任务】

消防器材的运用。

【实训目的】

通过实训，学生可熟练掌握使用各类灭火器完成火灾急救任务的技能。

【实训准备】

（1）物品准备：5个不同类型的灭火器。

（2）场地准备：教学楼前方空地，能容纳30~40人进行实操训练。

（3）分组安排：学生每8~10人为一组，1名学生模拟客房服务员使用灭火器灭火，其他同学观摩、打分，轮流练习。

【实训内容】

1. 熟悉并会使用客房防火的安全设备（见图22-1、图22-2、图22-3）

（1）烟感报警器。客房内屋顶上一般安装烟感报警器，一旦发生火灾，烟感报

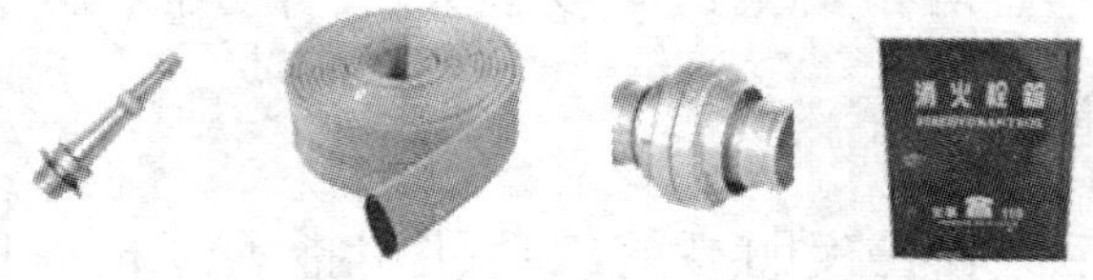

消防水枪　　消防水带　　水带接扣　　消火栓箱

水箱　　室内消火栓　　室外消火栓

图 22–1　消防器材

1. 火灾探测器　　2. 报警按钮　　3. 报警器

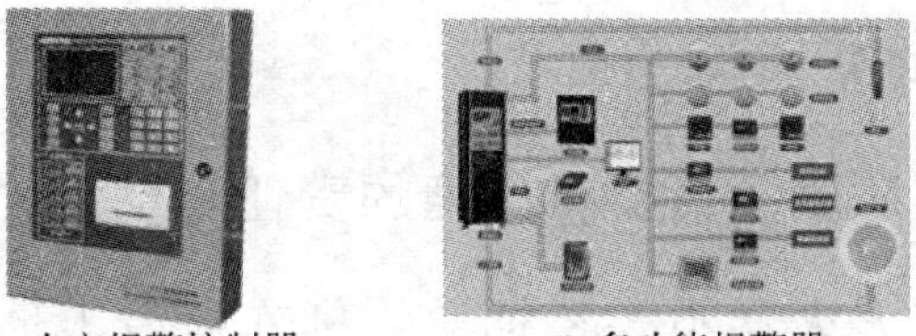

4. 火灾报警控制器　　5. 多功能报警器

图 22–2　火灾报警器

手提式干粉灭火器　　手提式二氧化碳灭火器　　手提式卤代型灭火器

图 22–3　三种灭火器

警器自动发出信号。

（2）自动灭火器。一旦发生火灾，自动灭火器安全阀门即自动开启，水从灭火器内自动喷出进行灭火。

（3）客房门上装潜望镜和安全链（安全环），门后张贴安全指示图，标明客人现在的位置及安全通道的方向。

（4）安全通道门上安装昼夜明亮的红色照明指示灯，一旦发生火灾或由于其他原因通道灯不亮，安全指示灯会马上开通。

（5）各种灭火器、消防栓等防火设施。

（6）闭路监视系统等防盗安全设施。

2. 消防器材的维护

（1）定点摆放，不能随意挪动。

（2）定期对灭火器进行普查，定期巡查消防器材，保证处于完好状态。

（3）定人管理。经常检查消防器材，发现丢失、损坏应立即上报领导及时补充，做到消防器材管理责任到人。

【技能训练注意事项】

（1）发生火灾时客房服务员要有高度的责任心，沉着冷静，机智果断。

（2）注意使用泡沫灭火器不要将桶盖、桶底对着人体，以防万一。

（3）注意保护客人人身及财物的安全。

【实训步骤】

（1）理论讲解：教师讲解消防器材使用的基本步骤和注意事项。

（2）教师示范：教师分步骤示范各环节的操作要领和应达到的效果。

（3）学生操作：学生分组操作练习，相互交流，教师加以指导。

（4）点评总结：师生共同点评总结，教师填写考核表。

（5）实训报告：实训课后，学生上交一份实训报告。

【实训考核】

消防器材的运用考核内容如表 22–1 所示。

表 22–1　消防器材的运用考核内容

被考核人					
考核地点					
考核内容	消防器材的运用				
考核标准	内容	分值	自我评价	小组评议	实际得分
	选择合适的灭火器	25			
	正确使用灭火器	25			
	灭火彻底	50			
	合计	100			

【实训作业】

8~9 人一组，1 人进行消防器材运用练习，其他同学进行观察、协助、配合。然后小组成员互换角色。

【实训体会】

请每个同学写出自己的实训心得与体会。

实训任务二十三

失窃的应急处理训练

【实训任务】

失窃的应急处理训练。

【实训目的】

通过实训，学生熟练掌握失窃的应急处理方法，提高防盗意识。

【实训准备】

（1）物品准备：模拟现金和衣物、记录用纸和笔。

（2）场地准备：4 间标准客房，能容纳 30~40 人进行实操训练。

（3）分组安排：学生每 8~10 人为一组，在一间标准间中进行练习，1 名学生模拟客人，一名学生模拟客房服务员，其他学生观摩并负责打分，轮流练习。

【实训内容】

1. 饭店客房被盗的主要类型

（1）社会上不法分子混入饭店作案。此类案件占饭店客房失窃案件的多数。

（2）宾客中一些不良分子作案。住店客人在住店期间，窜入别的客人房间进行作案。有时趁别的客人外出忘关房门而进入行窃；有时趁别的客人在卫生间里而窜入客房进行作案等。

（3）内部员工利用工作之便进行作案，此类案件在饭店中也不容忽视。内部员工如有小偷小摸习惯或内部管理混乱，责任不明确时很容易发生这类情况。

2. 客房服务中的防盗工作

（1）掌握客人进出情况。熟悉客人特征、国籍、姓名、性别等情况，非住店客人不得无故进入楼层。同时服务员对住客情况要保密，不向外泄露，以防止盗窃者了解客人情况后进行作案，发现可疑情况，应立即报告。

（2）完善来访登记制度，加强管理。来访者要到客房会见住客，须经服务员传达，得到被访者允许后方能进入，如客人不在房间，来访者不得进入房间。住客房间钥匙只能客人本人领取，他人一律不能代领。

（3）严格执行清扫房间表格登记制度。服务员打扫房间时要认真填写进出房间的时间，打扫一个房间开一个房间的门，严禁先打开多个房门后再逐一打扫，同时打扫完毕后或暂时离房要把客房门锁上，以杜绝为行窃者提供方便。服务员清扫房间时严禁非本房间住客进入。

（4）加强钥匙管理。宾客凭住房卡取钥匙，提醒客人不要将房门钥匙放在门锁上。服务员做清洁时，钥匙随身携带，吃午饭期间交回主管代管。钥匙不可放在门锁上或工作车上，以防丢失。实行专人专管收发钥匙业务，履行登记制度。服务员非正常工作需要，不得擅自使用客房钥匙。发现钥匙丢失，应迅速采取防范措施，并在24小时之内更换门锁。

（5）客人离房后立即查房。客人离房后值台服务员应立即进入房间检查是否有物品丢失，如有物品丢失立即报告客房服务中心。

3. 偷盗事故的应急处理方法

（1）上报。

①向客人了解事情的经过及丢失物品的情况。

②安慰客人并记录发生地点和丢失物品。

③立即报告客房经理及保安部。

（2）调查。

①了解客人国籍、身份、来店时间、预期离店时间、报案时间、同行人数及所住房号。

②了解被盗物品的外观、辨认特征、失物价值及客人发现被盗的时间。

③了解客人是否有任何线索、怀疑对象等情况。

（3）检查。征得客人同意后，在客人在场的情况下进入房间检查：门锁是否有被破坏的痕迹，房内是否有其他贵重物品，房内抽屉、行李箱是否有被破坏的痕迹。

（4）记录。详细、准确地记录事件的整个过程。

（5）写出报告。将事件的过程、调查结果整理成报告上报，并归档存放。

【技能训练注意事项】

（1）如果客人物品确实被盗，在报公安部门之前，须征得饭店有关部门同意，由保安部负责。

（2）假若被盗财物涉及某一服务员，在未掌握确凿事实之前，管理人员不可下结论。

（3）客人有时会报假案，要注意分析、辨明。

【实训步骤】

（1）理论讲解：教师讲解失窃应急处理的基本步骤和注意事项。

（2）教师示范：教师分步骤示范各环节的操作要领和应达到的效果。

（3）学生操作：学生分组操作练习，相互交流，教师加以指导。

（4）点评总结：师生共同点评总结，教师填写考核表。

（5）实训报告：实训课后，学生上交一份实训报告。

【实训考核】

失窃应急处理的考核内容如表 23-1 所示。

表 23-1　失窃应急处理的考核内容

被考核人					
考核地点					
考核内容	失窃应急处理训练				
考核标准	内容	分值	自我评价	小组评议	实际得分
	接受报失	5			
	立即上报	10			
	了解情况	40			
	查访寻找	20			
	征询报案	5			
	材料整理	20			
	合计	100			

【实训作业】

8~10 人一组，1 人进行失窃应急处理练习，其他同学进行观察、协助、配合。然后小组成员互换角色。

【实训体会】

请每个同学写出自己的实训心得与体会。

实训任务二十四

自然事故的预防措施

【实训任务】

自然事故的预防措施。

【实训目的】

通过实训，学生学会发生自然事故的应急处理方法的基本技能，提升学生对客服务的专业技能。

【实训准备】

（1）物品准备：纸巾、热水壶、茶杯、垃圾桶、工作日志。

（2）场地准备：1 间标准客房，能容纳 30~40 人进行实操训练。

（3）分组安排：学生每 8~10 人为一组，在客房中进行练习，1 名学生模拟客房服务员，1 名学生模拟客房经理，其他学生观摩并负责打分，轮流练习。

【实训内容】

1. 客房内常见自然事故

（1）电器设备。

①电冰箱内温度偏高或偏低造成食品腐烂或饮料冻结，引起客人投诉。

②电视机长期工作，无人关闭电源，使内部件过热导致失火。

③电源线长期磨损或插头磨损，导致火灾及客人触电。

④各种电源线（电话线、台灯线、电视线等）露在明处，绊倒客人。

⑤房间顶灯、楼道走廊顶灯没有安装牢固，自然掉落。房间、楼道走廊照明不良等。

（2）家具及设施。

①洗脸盆、镜子、梳妆台等脱落，使客人（或员工）受伤。

②马桶座不稳，摔伤、扭伤客人。

③写字台、椅子、沙发严重开胶、断裂。

④楼道走廊地毯、房间地毯凸起绊倒、摔伤客人或员工。

⑤浴缸没有防滑设施，摔伤客人；淋浴喷头脱落；玻璃窗活扇门开焊，自然掉落；热水瓶或电热水瓶底被氧化。

（3）其他事故原因。

①打蜡地板（楼道、房间）没有安全措施，摔伤客人。

②使用破损的餐、茶、酒具器，造成伤害。

③浴室水龙头损坏致使客人被热水烫伤。

④卫生间地面、工作室地面积水过多，损坏、浸污物品，造成事故。

⑤卫生间地漏不畅通造成积水，使客人滑倒摔伤。

2. 自然事故的预防

（1）做好检查工作。

①地毯。发现楼道走廊（或房间）地毯有凸起、卷边都要及时拉平。

②电源线。清理房间、卫生间时，发现各种电源线在明显处（易绊人的地方）要及时顺开，放在暗处，发现电源线有磨损之处，要及时通知服务台给予更新。

③木器家具。发现有松懈、开胶之处要及时更换、维修。

④电器设备。要经常调试、检查各种电器，始终保持完好状态。

⑤地面。卫生间地面、房间地面、楼道走廊地面要擦干、擦净，使其无水印。

⑥电镀设备。发现各种电镀拉手、水龙头等有脱皮现象要及时更换，防止扎手。

⑦打蜡。无论是房间或走廊地板打蜡，一定要安全第一。有客人的房间或楼层不要大面积工作，尤其是住客房禁止打蜡，一是气味难闻，二是很容易使客人摔伤。

（2）报告。发现各种不安全因素及时报告。

（3）验收。各种设备更新、维修后进行验收，避免出现漏洞。

【实训步骤】

（1）理论讲解：教师讲解自然事故预防的基本步骤和注意事项。

（2）教师示范：教师分步骤示范各环节的操作要领和应达到的效果。

（3）学生操作：学生分组操作练习，相互交流，教师加以指导。

（4）点评总结：师生共同点评总结，教师填写考核表。

（5）实训报告：实训课后，学生上交一份实训报告。

【实训考核】

自然事故的预防考核内容如表24-1所示。

表24-1 自然事故预防考核内容

被考核人					
考核地点					
考核内容	自然事故的预防训练				
考核标准	内容	分值	自我评价	小组评议	实际得分
	制定预防计划	20			
	日常检查	30			
	上报领导	20			

续表

	内容	分值	自我评价	小组评议	实际得分
考核标准	协助救护	20			
	书面报告	10			
	合计	100			

【实训作业】

8~10 人一组，1 人进行自然事故预防练习，其他同学进行观察、协助、配合。然后小组成员互换角色。

【实训体会】

请每个同学写出自己的实训心得与体会。

实训指导方法

在对训练内容进行讲解和示范的基础上、实训正常开展的情况下，其教学的指导方法有以下几种：

（1）集中指导方法。这是指教师对全班或全组的学生在实训过程中出现的共性问题进行指导。解决实训中发现的问题，及时指出和纠正学生操作过程中出现的错误，在集中指导过程中，积极地采用激发和鼓励为主的原则，肯定和表扬学生的工作态度。

（2）个别指导方法。这是指在实训过程中教师针对每位学生在掌握知识、技能技巧过程中出现的个别差异进行指导。教师需要准确地发现、指出学生操作过程中的问题和偏差，根据实际状况提出具体的解决问题的办法，并督促学生学习、改进，落实在行为的改善中，取得实际的效果。有针对性地帮助学生排除实训中出现的困难和障碍，保证学生正确地掌握操作要领，规范操作步骤，确保安全。在个别指导时，注重启发学生的特性，挖掘学生的创造性和独特性，鼓励个性化发展，既要肯定成绩，又要指出不足，使学生充满信心。

（3）总结指导方法。这是指实训结束后，教师对实训小组及学生进行总结、考核和评价，肯定成绩，交流经验，分析存在的问题，提供反馈信息，综合提炼感性知识和经验，进一步加深认识理解。这是指导工作的一个不可缺少的非常关键的环节，其目的是让学生明白是否达标、如何达标。在此过程中，要引导学生认真总结实训中积累的成功经验和失败教训，帮助学生进一步增加实践经验，使其掌握自己的知识和技能。

实训方法、步骤和基本要求

（1）讲授实训新课。按照实训课题，讲授实训中所需的知识、技能，明确学习目的、学习重点。

（2）示范技能操作。示范操作是重要的直观教学形式，可以使学生获得感性知识，加深对学习内容的理解，把理论和实际操作联系起来。必要时可以让学生按要求重复操作。

考核方法

（1）由实训指导教师进行现场考核，并做好相关书面记录。

（2）由实训指导教师对学生的操作、纪律、作风等方面进行全面的考核。

（3）由实训指导教师根据学生在实训过程中的具体表现以及现场考核情况，对实训学生进行综合考核并给出评价。